笑い力

人文学でワッハッハ

千葉 惠❖編著
Kei Chiba

北海道大学出版会

はしがき

書店の書棚に数ある書物の中で、今、本書を手にされたあなたは「笑い」という言葉になぜか惹きつけられたのではないですか。あなたと笑いの距離はいかほどでしょう。ある方にはご自分の錆ついてしまった頰の筋肉には笑いはとても縁遠く感じられるでしょう。お茶の間で笑い取りに汗だくの芸人さんたちとご一緒に痙攣のような笑いをともにしている方はあなたですか。それとも、憐れみの微笑みの中で、あるいは眉をひそめて、画面の流れに身を任せておられるのはあなたでしょうか。それでもお笑い番組のあとは何か痛快な満ち足りた気持ちや得をした感じを持つこともありましょう。あるいは、毎日喜びと力の中で生き生きとした美しい笑顔の中で過ごしておられるのはあなたですか。それともそんな誰かにあなたは憧れていませんか。そうです、笑いは誰もが心の奥底で求めている何ものかです。人間のあらゆる営みに質の良いものと悪いものがあるとして、上質の笑いってどのようなものでしょう。皮肉な笑いではなく、さげすみの口元のゆがんだ笑いでも高慢な高笑いでもなく、生きていることが嬉しくて自然に微笑みがあふれる、透き通った青空のような笑いを求めています。心の奥底からの朗らかな笑いをこそひとは誰もが求めています。

なぜでしょう。そこにはこれまでの自分になじみ深い習慣的なものとは異なる、新しいものとの出会いがあるからです。人類は常に人類未踏の新しい空気を吸い新しい今を生きますが、「陽のもとに新たなることなし」という諺があるほどに、自然の四季がそうであるように、生理的にも心理的にも循環のような日々を慣性の法則のもとに送っています。科学技術は日進月歩ですが、当の人間はいつの時代も各人ゼロから人生の学習を始めざるをえないため、歴史はいつも同じ誤ちを繰り返しています。その中でこれまでの認識や習性からのズレが生じるとき、それも肯定的な仕方でズレて、新しいものに出会うとき、朗らかな笑いが起きます。それは新しいひとの新しい言葉かもしれません、あるいはあなたの心の中に潜んでいた何か新鮮なもの、ほっとするものに出会ったのかもしれません。嬉しくなるような、生きていることをただ肯定したくなるそのような新しいものとの出会いにおいて、周囲は朗らかな笑いに包まれます。ひとは沈んだ心や否定的な思いから解放されたいと望んでいます。殺伐とした都会の雑踏の中で、あなたはどれほど笑顔の人々に出会いますか。まれにそのようなさわやかな笑顔の家族づれや友人同士、そしてカップルを見かけると嬉しくなりませんか。

現代日本は、歌を忘れたカナリアのように、朗らかな笑いを忘れてしまったようです。喜びの分かち合いと創造的で慈しみ深い助け合いの代わりに、効率と力と金と怨念そして欲望を積み重ねているようです。自ら設定したように見えても実は古びてありふれた強いられたゴール（目標）に向けて、いかに効率よく手早くそれを実現するかに関心を集中させているようです。人生の目標をより広い人間であること全体の視野の中に置き正しく位置づけることを忘れ、そして新しいものとの出会いの中で常に人間理解を新たにアップデートすることを忘れ、ひとはそんなに急いでどこへゆくのでしょう。前へ進め、前へ進め、だけど前ってどっちなのでしょう。時代に強いられてゆとりを忘れたところには、笑いを探しても見つけることはできないでしょう。

ここで、静かに立ち止まって、私ども北海道大学文学部のメンバーと一緒に笑いについて考えてみませんか。と言うかご一緒に笑いましょう。本書は二〇〇八（平成二〇）年の五月から七月にかけて行われた公開講座「笑い力——言葉の笑《わっ》、和《は》、話術《はなすべ》」の講義をもとにして編まれました。水曜の夕方、新緑のみずみずしい北大の構内で、「二分に一度」（ある参加者の言葉）聴講の老若男女の市民の方々と笑いながら過ごした初夏の夜を懐かしく想起します。ここにはそのときのライブの良さに欠けるところはありますが、より推敲されたものが提示されています。そして絵画や図版そして写真をたくさん入れて視覚的にも笑いを誘う装置を用意しました。私たち文学部に属する研究者たちは、人間と人間をめぐるあらゆることに関心を寄せています。人間の探究をこととしますが、その方法は例えば試験管やビーカーを振って生物的人間を実験室の中で実証的に探究するという手法を多くの場合採りません。また法律や政治そして経済のもとにある制度的人間を探究することもあまりありません。もちろん、人間は何をしていても善悪を判断しつつ生きる道徳的存在者であり、また何をしていても法律や政治、経済のもとにある社会的存在者であり、何をしていても栄養摂取、吸収、代謝がある生物的存在者です。さらに、何をしていても重力や光の法則のもとにある物理的存在者であり、また自らがどこから来て、どこへ行くのやら、死して後真空に帰するのか、それともあらためて我と感じるのか、そのような問いを問う自己を了解しつつ生きざるをえない形而上学的(存在論的)存在者です。どこまでも自己を構成する多層な人間を、上述の専門諸分野の研究の成果を取り入れつつも、その全体として理解することに努めています。ひとは自らと人間というものをひろやかで豊かな背景のもとにあるものとして考察するとき、ゆとりの中で微笑みをもって自他を位置づけることができます。例えば、あなたは七十兆個もの細胞からなる身体の総司令官なのです。そしてあなたの白昼夢を支えるために一日にドラム缶二個分二千リットルの血液をあなたの心臓はあなたの脳に送り続けています。あなたは自然の造化の極みであり、自然の栄光です。また愛することにおいて、あなたは自らを死をもいとわず隣人のために捧げることもあるそのような魂の持主なのです。思い込みや苦悩にとらわれているとき、このような途方もない可能性のうちにある自己と人間を広い視野のもとに位置づけることはできません。

本書においては文学や歴史学、芸術学、社会学、心理学そして思想などこれまで長く蓄積された学術上の成果をもとに言葉や絵画そして統計をたよりに人間の魂の動きに迫り、笑いを様々な視点から照らし出しています。笑いが人生の至るところに転がっていることを見出されることでしょう。例えば、江戸時代の文芸作品に笑いが巧みに仕組まれていることに気づくでしょう。また藩閥政治家たちの生の話術のかたよりに御仁の人徳のありようさえ浮かび上がってまいります。また絵画の内側の世界を笑って見ているうちに、いつのまにか見ている本人が笑われてしまっていたりします。このように、本書は笑いと笑いの力を暴き出しています。ご一緒に、笑いの様々なネタや種、そして笑いの構造、奥の深さ、さらには本質に至るまで迫ってみませんか。そこには晴れやかな青い空が雲間から顔を出すように、あなたの心を軽くしそして憧れと力で満たすことでしょう。朗らかな笑いの渦に包まれて毎日過ごすヒントを見出すことでしょう。笑いという不思議な魅力を思う存分満喫してください。

二〇〇九年一二月

編　者

目　次

目　次

第一話　江戸はどう笑ったか

冨田康之

一　はじめに――江戸文化を考えるヒント

江戸の笑いと申しましても、現代人の笑いと特段変わるということもないかと思います。ちなみに、江戸時代までの日本語の中で「笑い」に関する言葉をいくつか挙げてみますと、人を馬鹿にしたりするときに笑う「嘲笑《あざわら》い」や「せせら笑い」、「似非《えせ》笑い」、「薄笑い」(自分が少し困ったりしたときにもこのように笑います)、可笑《おか》しくもないのに笑う「空《そら》笑い」や「作り笑い」、大きな声で笑う「高笑い」に「大笑い」、相手の機嫌を取ろうとお世辞にする「軽薄笑い」や「追従《ついしょう》笑い」、一人でも笑うときには「独り笑い」や「思い出し笑い」、人に知られずに笑う「忍び笑い」、また、無言で笑う「含み笑い」、にがにがしく笑う「苦笑い」、ほくそ笑むのは「ほくそ笑い」、あまり可笑しくなくても人の笑いにつられて笑う「貰い笑い」なんてのもあります。最も一般的な笑いですが、ニコニコして笑うのを「笑笑《えわら》う」などとも言います。字面からもなんとなく伝わってくるようですね。他にも表現としては、「一笑」、「艶笑」、「呵呵大笑」。「戯笑」、「哄笑」、「嘲笑」、「目笑」、「冷笑」などというのもあります。これらはまだ一部を紹介しただけですので、他にもあります。とは言え、大方ここに挙げた笑いは「なるほどね」というものばかりだったかと思います。現代のわれわれでも理解可能な笑いばかりであり、江戸の人々やそれ以前の人々の笑いが特殊なものであったとはあまり考えられません。とは言え、人々の考え方はその時代その時代で少しずつ傾向が変わる場合もあります。ここでは、「江戸」という時代を理解し、笑いを作る方法のいくつかをなるべく具体的に例を挙げて見ていきたいと思います。

さて、江戸時代を考えるうえで、現代と異なる点は何でしょうかという質問をいたしますと、真っ先に思い浮かぶことの一つは、おそらく士農工商という「身分制度」ではないでしょうか。この身分制度に関しては生活そのものに多大な影響を与えています。江戸時代の文芸作品を見るに、身分制度の影響はいくらでも指摘することができます。では、江戸時代の人々はどのようにその身分制度を受けとめていたのでしょうか。一つの例を近松門左衛門の『山崎与次兵衛寿の門松《やまざきよじべえねびきのかどまつ》』(享保三(一七一八)年正月初演)の一節を取り上げて見てみましょう。

侍の子は侍の親が育てて。武士の道を教ゆる故に武士となる。町人の子は町人の親が育てて商売の道を教ゆる故に商人となる。侍は利徳を捨てて名を求め。町人は名を捨てて利徳をとり金銀をためる。是が道と申すもの。

ここでは武士と商人との二つの階層に言及しているわけですが、二つの階層での生活の指針が明確に異なっていることが分かります。商人の道は「利徳」を求めるものであり、武士の道は「名」を求めるものであるとしています。「道」という表現をしていることから見れば、疑う余地のない当然の大前提という認識でありました。生きるための目的が異なれば、それぞれの階層の中での善悪の基準も異なる場合も出てくることになりましょう。江戸という時代を考えるとき、この影響を抜きにしてはうまく説明がつかない場合が往々にして出てきます。逆に言えば、江戸時代の疑問を解く一つの方法として、この身分制度というものを出発点として考えると理解できることが結構あるものです。江戸を考える一つのヒントとしてみるとよいかと思います。とは言え、ここで申し上げる身分制度というのは、直接、「士・農・工・商」という階層と笑いの関係を問題にすることではありません。ここで問題としたいのは、身分制度を前提とした時代を大雑把に捉えると、そこに「差別」の意識が強くあらわれるということです。身分制度自体が差別の制度ですから、当然と言えば当然ですね。さて、これからお話しするところの、この「差別」というのは、もうちょっとはっきり言いますと、上位の者と下位の者との差異を前提として笑いが作り出されていくという方法です(ですから身分差の問題とは直接的には関わりません)。現代でもこの笑いの方法はもちろんありますが、江戸の表現を見てみますと質的な差があるかと思います。まあ、前置きは適当に切り上げまして、とにかく具体的に見てみましょう。

二　笑い話の方法

早速。『当世手打笑《とうせいてうちわらい》』という笑話本から見てみましょう。この『当世手打笑』という書物は、延宝九(一六八一)年正月吉日という刊行年月日が記載されております。延宝九年は改元されて天和元年となりますが、天和というのは続いて、貞享、元禄へと替わります。ちなみに元禄元年は一六八八年です。芭蕉やら西鶴やら近松らが活躍する時期になってきますが、そのような時期に出版されました。その当時はまだ文化の中心は上方にありました。

【祇園町にて羽織を拾ふ事】

ある者、夕べ花見の帰りが落したるちりめんの男羽織を、祇園町にて拾いたるとて悦びけり。とつとぬけ男二人、これを聞きて、「いざ、おれらも拾いに行かふ」とて行きけり。あなたこなた見まはしけるが、一人の者、「落ちてあるぞ」とて、づか〳〵と立寄り、取らんとしたれば真黒なる犬が、わんといふて飛びかかりければ、逃げて帰りた。連れの男、「拾やつたか」といへば、ぬからぬ顔にて、「羽織は落ちてあれど、犬めが先をこした」といへば、「さては、あいつも拾いに出たよの」。
（訳　ある人が、昨夜花見の帰りに、縮緬《ちりめん》の黒羽織を祇園町で拾ったと言って喜んだ。とんでもなく間抜けな男二人がこのことを聞いて、「さあ、俺たちも拾いに行こう」と言って出ていった。あちらこちらを見まわしたが、一人の男が「落ちているぞ」と言ってためらうことなく立ち寄って取ろうとしたところ、真っ黒な犬が「ワン」と鳴いて飛びかかったので逃げ帰った。もう一人の連れの男が「拾ったか」と言うと、きっとした顔つきで「羽織は落ちていたが、犬の奴が先をこした」と言うと、「さては、あの犬も拾いに来たのだな」。）

ここでの面白さはまず、二人の男が黒羽織を誰かが拾ったという話を聞いて、自分たちも拾いに行こうと言って出ていくことから始まっています。偶然に落ちていたものを拾ったという話を聞き、それがあたかも恒常的な出来事として信じて疑わない態度にその面白さを感じるわけです。とは言え、いくら何でもそのような馬鹿げたことはあるはずがないと思うのがふつうです。しかし、ここにはそのように思わせない工夫の一言が配されています。それは「とつとぬけ男」という表現です。つまり、「とんでもなく間抜けな男」が二人と紹介されていることから、そのような馬鹿げたことが、馬鹿げたことではなく起こってしまうと納得させているわけです。この仕掛けは最後まで利いていくことになります。続いて、真っ黒な犬を見て羽織と間違えてしまいます。これは夜目でのことで見間違いもありえますが、その犬に吠えられたあと、「羽織は落ちてあれど、犬めが先をこした」と発言しております。つまり、その犬が自分たち二人より先に羽織を探しに来て、羽織を見つけたうえにそれを着していたと認定している点に可笑しさが指摘できることになります。犬が自分たちと同様な意思を持ち、その犬に先をこされたと認識し、さらに犬が羽織を着していたと判断したわけです。これらのことを今申し上げましたように一々順を追って可笑しさを確認しているわけではなく、もっと直接的に「オ馬鹿〜っ！」てな具合に可笑しさを感じたことと思いますが、その可笑しさの背景にはそのような仕掛けがしてあったわけです。とは言え、この話の肝心要はやはり「とつとぬけ男」にあるように思われます。この表現がなければ、「まさか〜っ！」という違った感想になるのではないでしょうか。

さて、それではもう一つ笑ってみましょう。

【誓願寺の図子《ずし》にて手の筋見る事】

誓願寺の図子に、手の筋を見る者あり。八瀬の男、「見てたもれ」とて手をさし出しければ、筋を見る者、粗相者にて、八瀬の男、髪をつのぐりたるを、女じやと心得、「こなたは子をうむたびに平産であらう」といふ。八瀬の者、大きにおどろきて、「をれは男でおじやる」といへば、ぬからぬ顔にて、「なんぼう男でも、手は女じや」といふた。

（訳　誓願寺という寺の小路に手相を見る者がいた。洛北の八瀬というところに住む男が、「見てください」と言って手を差し出すと、手相を見る者は粗相者で、八瀬の男が女性の髪の結い方である「つのぐりがみ」をしていたので女性だと思い込み、「あんたは子を産むといつも安産だろう」と言う。八瀬の男はたいへん驚いて、「私は男です」と言うと、手相見の男は自信のある顔つきで、「どれほど男であっても、手は女だ」と言った。）

最後の落ちには、思わず「ウマイッ！」て感心したかもしれませんね。つい、「座布団一枚」と叫びたくなる出来かと思います。しかしこの話は手相見の男が手相を見てほしいと頼まれたとき、最初から「粗相者」として登場することになっています。前の話の「とつとぬけ男」という登場の仕方と比べてみても分かるように、同じ方法で登場しているわけですね。最初から「これは何かしでかすに違いない」と予感させる表現となっています。そして案の定、「八瀬の男」に対して、髪型から判断して「女」と思い込んだわけです。ふつうならここで前の話のように、「まさか〜っ」と思うはずですが、「粗相者」と断っていますので、「オ馬鹿〜っ！」て言うことになります。ところが、その「オ馬鹿」な手相見が、「粗相」をしたことに「突っ込み」を入れられても、自信たっぷりに切り返すことで可笑しさが込み上げてくることになっています。とは言え、この「どれほど男であっても、手は女だ」という切り返しは、こじつけ以外にありません。ここでの可笑しさはこじつけであってもその理屈が面白いということでしょう。

これまで見た二つの話は、構成が非常によく似ていると言えます。また、可笑しさを作り出す方法もそっくりですね。笑われる対象が前者は「とつとぬけ男」であり、後者が「粗相者」ということになっていますが、この対象を事前に提示することにより、読者側もその段階ですでに笑おうという心の準備が出来上がってしまうのです。そしてその後は予定どおりに間抜けな展開が見られ、笑いにつながっていくと考えられます。ところで、ここで笑いの前提になっていることを考えたいと思いますが、それは笑われる対象が笑っても差し支えない対象としてわれわれが認識しているということです。言い換えれば、読者であるわれわれが、笑われる対象よりは上位に位置し、決して彼らのような「粗相」は行わないという確信が前提にあるということです。ちなみに、この『当世手打笑』に登場する他の笑われる人々はどのようになっているのかと言えば、例えば第二巻の目次を見てみると、

一　田舎者饅頭を買う事、二　山家の者蚊屋を知らぬ事、三　うつけたる男買物する事、四　吝き者の事、五　魚くひ坊主の事、六　粗相者公家衆へ参る事、七　山家の者饅頭を拾う事、八　ある人小者に弁当持たする事、九　抜けたる息子の事、十　田舎者京のぼりの事、十一　在郷出の男を置く事、十二　関東者愛宕参りの事、十三　祝の座敷へ粗相者来る事、十四　掛硯を盗まるる事、十五　小者に使教ゆる事、十六　下部どもが願ひの事、十七　物しり顔の事、十八　巾着切の女産をする事

となっています。傍線を引いた部分を見ていきますと、一八ある話の中で「田舎者」（二話）、「田舎

者」とほぼ同意の「在郷出の男」(一話)、「山家の者」(二話)が笑われる対象として出てきます。現代では都市と地方との情報量の差は小さくなっていますが、江戸時代で考えてみますと、圧倒的に都市の情報量が多いと判断されます。そうなれば、都市の人々から地方の人々を見れば「田舎者」という表現が平気で生まれてくるわけです。「田舎者」と呼ぶ都会の人々は、当然ながら優越感を感じているはずです。つまり、都会の人々は「田舎者」を絶対的な下位者として位置づけることになります。この捉え方は、「粗相者」(二話)、「うつけたる男」(一話)、「抜けたる息子」(一話)、「小者」(二話)、「下部ども」(一話)の他、「吝《しわ》き者(けちな男)」(一話)、「魚くひ坊主」(一話)、「物しり顔」(一話)のような、人から疎まれるような人々や、蔑まれるべき「巾着切の女」(一話)が「田舎者」の同類として笑われる対象に設定されることになります。つまり笑う側(上位者)が笑われる側(下位者)よりも優位にいることにより、安心して笑うことができることになっています。

とは言え、笑われる対象の一言が逆に笑う側の意表を突くような仕掛けがほどこされていることもあります(【誓願寺の図子にて手の筋見る事】もその一例と言えます)。上位者はまるで足元を掬われるように仰天する笑いとなる場合もあるのです。このような笑いは、何もこの笑話の世界だけにあるものでもありません。ちょっと芝居の世界も覗いてみましょう。

三　芝居の中の笑い

次に、お芝居の中での笑いについて見てみましょう。江戸時代のお芝居と言えば「浄瑠璃」とか「歌舞伎」をすぐに思い起こすことと思います(もちろん江戸時代にも能や狂言等も当然ありました)。ここでは浄瑠璃でも歌舞伎でも両方に演じられる、近松門左衛門の世話浄瑠璃の代表作として名高い『心中天《しんじゅうてん》の網島《あみじま》』(享保五年竹本座初演)という作品を取り上げてみましょう。紙屋治兵衛と紀伊国屋抱えの遊女小春との心中を描いた悲劇の物語ですが、笑いの場面も仕組んであります。

『心中天の網島』中之巻

(前略)かぜがつめたい二人の子共がさむからふ。おすゑが乳ののみたいじふんもしらぬ。あほうには何が成しんきなやつじやと独こと。かゝ様ひとりもどつたと走帰る兄むすこ。ヲヽ、勘太郎もどりやつたかお末や三五郎は何ンとした。宮にあそんでちゝのみたいとお末のたんとなきやりました。そうこそ〳〵。こりや手も足もくぎに成ッた。とゝ様の寝てござるこたつへあたつてあたゝまりや。此あほうめどうせふと待かね見せにかけ出れば。三五郎たゞひとりのら〳〵として立帰る。こりやたわけお末はどこに置て来た。アヽほんにどこでやらおとしてのけた。たれぞひろたかしらん迄。こりやどこぞ尋て来ませうか。おのれまあ〳〵大じの子をけがでもあつたらぶちころすと。わめく所へ下女の玉お末をせなかにおふ〳〵いとしや。辻に泣てござんした。三五郎もりするならろくにしやとわめき帰れば。ヲヽかはひや〳〵。ちゝのみたかろふのとおなじくこたつにそへぢして。是玉。そのあほうめおぼへる程くらはしや〳〵と。いへば、三五郎かぶりふり。いや〳〵たつた今お宮でみかんを二ツづゝくらはせ。わしも五ツくらふたと。あほうのくせにかる口だてにが笑ひする計也。

（訳「（前略）風が冷たい、二人の子供が寒いだろう。お末がお乳を飲みたい時分であるのも分からない。阿呆には何からできた、いらいらするやつだ」と独り言。「母様一人で帰った」と走って帰ってきた兄息子。「オオ勘太郎帰ったか。お末や三五郎はどうした」、「お宮で遊んで「お乳が飲みたい」とお末がいっぱい泣きました」、「そうであろう、そうであろう。これは、手も釘のようになった。父様の寝ていらっしゃる炬燵にあたって温まりなさい。この阿呆めどうしてやろう」と待ちかねて、店に駆けだすと、三五郎はただ一人でのらのらと帰ってきた。「こりゃたわけ。お末はどこに置き去りにしてきた」、「アアほんとにどこかで落としてきてしまった。誰か拾ったか分からんぞ。どこか探してきましょうか」、「おのれは、まあまあ大事な子を、怪我でもしてたらぶち殺すぞ」と騒ぐところに下女の玉がお末を背中に負いながら「おうおうかわいそうに。辻で泣いていらっしゃいました。三五郎、守りをするならきちんとやりな」と喚きながら帰ると、「オオ、かわいそうに、かわいそうに。お乳が飲みたいだろうねえ」と同じように炬燵で添え乳しながら、「これ玉。その阿呆めにこたえるようにくらわせ、くらわせ」と言うと、三五郎は頭を振りながら、「いやいや、たった今お宮で蜜柑を二つずつ食らわせ、わしも五つ食らった」と、阿呆のくせに洒落を言い、苦笑いするばかりであった。）

この場面は中之巻のほぼ冒頭部分ですが、心中する一人、紙屋治兵衛の居宅が舞台となります。治兵衛は小春を思い切り、炬燵にふて寝しております。その分、女房のおさんは甲斐甲斐しく店を切り盛りしております。そんななか、下男の三五郎に勘太郎・お末の二人の子供の守りを任せてありました。おさんはなかなか戻らない三五郎をじれったく待っているところです。

ここに登場する三五郎は「あほう(阿呆)」として設定されています。ですから笑っていい対象となっています。その三五郎が戻り、おさんにいきなり「こりやたわけお末はどこに置て来た」と聞かれると、「ア、ほんにどこでやらおとしてのけた。たれぞひろたかしらん迄。どこぞ尋て来ませうか」とまったく人を食った返答をします。守りをしていた本人が、微塵も自分の責任を感じていません。だからこそ「阿呆」という設定になっているわけです。それで観客も安心して三五郎を笑うことになりますが、しかしながらこの笑いは、上位者から下位者に対しての「冷笑」として成り立っているものではないのです。それは、おさんが「おぼへる程くらはしや〳〵」と玉に三五郎を打ち叩くように命じたとき、三五郎が「いや〳〵たつた今お宮でみかんを二ツづゝくらはせ。わしも五ツくらふた」と答える部分に鍵があります。近松は、これを「あほうのくせにかる口だて」と表現しました。これは三五郎が意図して「かる口だて」したと捉えることができますが、三五郎が意図せずして答えたその内容が、「かる口だて」に聞こえたというようにも解釈できないこともありません。いずれの解釈にせよ、ここでは阿呆の三五郎が上位者であるおさんや玉に対して、逆にやり込めるような結果になっています。おさんと玉は「にが笑ひ」するしかないような状況にさせられてしまったのです。ここでも先ほど述べた仕掛けと同様に、笑われる対象の一言が逆に笑う側の意表を突くような仕組みとなっているのです。

ところで、江戸時代では下位者(弱者)に対して常にこのような笑いを設定していたのかと言えば、それは違います。冷ややかに笑う場合も当然のことながらあったわけですが、それだけではないということを強調して申し上げたということです。

さて、ここで少し趣向を変えまして、今度は人形浄瑠璃の中でどのような「笑い声」があったのか、ちょっとばかり覗いてみたいと思います。

四　かつらかつら、からから、けらけらと笑ふ

芝居の中では、その登場人物の性格(性根)は類型的な場合が多く見られます。なぜそのようになるのかと申しますと、人形浄瑠璃では首(かしら)がその答えの一つのヒントになります。通常、首は毎回新しいものを作るわけではなく、髪型やら化粧やらを変えて使い回ししております。ですから、色男の首ですと、次に使い回しするときにはやはり同じように色男の役柄になってしまうことになります。そんな男前の首の代表は何といっても「源太」でしょう。あの有名な『仮名手本忠臣蔵』の「お軽、勘平」の勘平は「源太」ですし、『曽根崎心中』の「お初、徳兵衛」の徳兵衛も

「源太」でやります。だいたい、二十代の色男はこの「源太」です。また、「文七」などという首もあります。これは文楽人形の中でも最も有名な首と言えます。どんなお芝居に使われるかと言いますと、例えば『勧進帳』の弁慶やら、「寺子屋」(『菅原伝授手習鑑』)の松王丸などがこの「文七」です。太い眉に目が大きく作られております。当時にあっては目が大きいことは力が強いということを意味しておりまして、江戸期の絵などを見てみるときに、もし目が大きく描かれているものがありましたら、それは力の強い人物と判断してみましょう。さて、このように考えますと、首が逆にその人物の性格を規定してしまうことになるわけです。これと同じことが歌舞伎にも言えます。それは、役者の役柄と関係してきます。役柄と言いますのは、例えば「女形」ですとか、「立役」、「敵役」、「道化」などですが、役者がそれぞれ得意とする役柄があるわけです。ですから、得意な役柄を中心に演じますので、いつも同じような性格の人物が繰り返し設定されることになりがちです。ということで、同じような性格の人物が登場しますと、同じような演技になってくるのも当然で、笑い方にもそのような影響が出てきます。つまり、笑い声も共通したものが多く出てくることにもつながっていくわけです。そこで、具体的にどのような笑い声で笑うのか見てみましょう。

祐経刀に手をかけ。「ム、汝は聞こふる箱王よな。定しこさいは聞つらん。サア兄弟一所に誓言をたてよ聞かん」とこはぐ〱もさすがは武士の言いがかり。ともに睨んでぎしめけば。時宗かツら〱と笑ひ。「此兄弟に狙はれかゞみ所のなきままに。弁ぜつ利口を言いまはし大ばま

たのににぢり付。をのれが首をたばはんとや。（後略）」（『曽我姿富士』第一）

これは敵討ちで有名な『曽我物語』を題材にした、紀海音という作者の浄瑠璃です。曽我兄弟の父親である河津三郎祐重が工藤左衛門祐経に討たれ、苦難の末に兄弟が祐経を討ち果たすというものです。とは言え、このお話の元をただせば、祐経の父である祐継を、祐重の父祐親が箱根山の別当に頼んで祈り殺させ、所領を奪ったことが原因だったのです。それが原因で祐経は祐重を討ったわけです。ここの部分は芝居ではあまり表沙汰にされません。それで一方的に祐経が悪者になっていますが、客観的に判断すれば少し事情が変わってくるかもしれませんね。さて、それはさて置き、芝居の中で曽我兄弟の兄十郎祐成と弟五郎時宗は、その性格が異なって造形されていきます。どちらかと言えば兄祐成は冷静沈着タイプで、弟時宗は勇猛果敢タイプです。その時宗の笑い声が「かツら〳〵」と表現されております（「かツら」は「かっら」と発音。以下同じ）。

もう一人その勇猛果敢タイプの人物を紹介しましょう。近松門左衛門も曽我物を扱った浄瑠璃を数多く書いておりますが、その作品にしばしば登場し、しかも時宗と仲良しで互角の力を持つのが朝比奈義秀です。彼の母親は武勇に優れた巴御前と言われております。その彼女を母親として持っているわけですから、義秀も勇猛ということになります。その義秀の笑う場面を見てみましょう。

（祐経は）「飯原は御褒美に下されたる紋所。義秀の紋は何の手柄に付らるる。由緒あらば承らんサアきかん〳〵」と責めかくれば。朝比奈かッら〳〵と笑ひ。「ム、めづらしいことを今聞た。（後略）」（『曽我扇八景』上之巻）

ここでもやはり「かッら〳〵」という笑い声になっていますが、このような豪傑な人物の場合、比較的よく表現される笑い方が「かツら〳〵」なのです（もちろん例外は存在しますが）。ところが、この「ッ」が抜けた「から〳〵」という笑い方になりますと、男性はもちろん、女性の笑い声にも使われるようになっています。

虎少将立寄て。蓋をしめんとする所を藤太しばしと押さへ。「いや〳〵油断はけがのもとい。兄弟をしおふする迄は旁が心知りがたし。先其錠をこちへこされよ。蓋をもまへうしろし給へ」といへば二人から〳〵と笑ひ。「さつても用心深きお方かな。（後略）」（『世継曽我』第四）

この作品は近松の初期の作品です。ここでは曽我兄弟それぞれの恋人である虎と少将が、敵の家来である藤太、荒四郎の二人を唐櫃の中に閉じ込めようとする場面です。虎、少将が臆病な振舞いの二人を見て「から〳〵」と笑う場面です。音の響きが軽やかな印象を受けますね。もう一つ男性の「から〳〵」を見てみましょう。

修理之介短尺取上不思議そふに眉に皺寄せ。小首を傾けゐたりしが。暫く有てから〳〵と笑ひ。「さてもさても笑止千万。是は昔の雨乞に読をく歌を取出し。歴々をはめらるるの。ヲ、道理道理。（後略）」（『小野小町都年玉』第二）

これはいわゆる「草子洗小町」の趣向を取り入れたものですが、謎を解いたあとの晴れやかな気分の笑いとなっています。やはり音の響きが軽やかでふさわしい笑い方と言えましょうか。

その他では、現代でもよく使われる「けら〳〵」という表現もありますし、もちろん定番の「ハハ〳〵」、「フフ〳〵」、「へへ〳〵」、「ホホ〳〵」も使われます。

五　江戸の漫画の笑い

話を変えまして、今度は江戸の漫画を見てみましょう。江戸の漫画とは申しましても、ここでは『北斎漫画』などのような自由な筆致で描かれた絵手本のようなものではなく、現代のマンガのルーツのような「黄表紙」を取り上げてみたいと思います。黄表紙というのは、安永四（一七七五）年、恋川春町《こいかわはるまち》画作『金々先生栄花夢《きんきんせんせいえいがのゆめ》』（三冊）を始まりとして、以降三十年ほどの間に作られた絵草紙のことです。中本形と呼ばれる大きさの本で五丁一冊（一丁は現在の本で言う二頁分。ですから全部で十頁）を最少単位として仕立て、挿絵を中心にして細かな文字をまわりに配してあります。

とにかく内容は破天荒で馬鹿馬鹿しいものですが、たいへんな人気を博しました。馬鹿馬鹿しいけれど面白いものがお好きであれば、是非ご一読下さい。お勧めです。

さて、ではどのように面白いのか、少し覗いてみましょう。まず次の作品を見てください。これは山東京伝の『人間／一代　悟衢迷所獨案内』(享和三年刊行)という作品の一部です。

右側の絵は「悟道図」、左側は「迷所図」となっています。左右の絵の上方を見ますと、両者には山が描かれていますが、「悟道図」では「正直山分限寺」(正直であれば財産家になれるという意

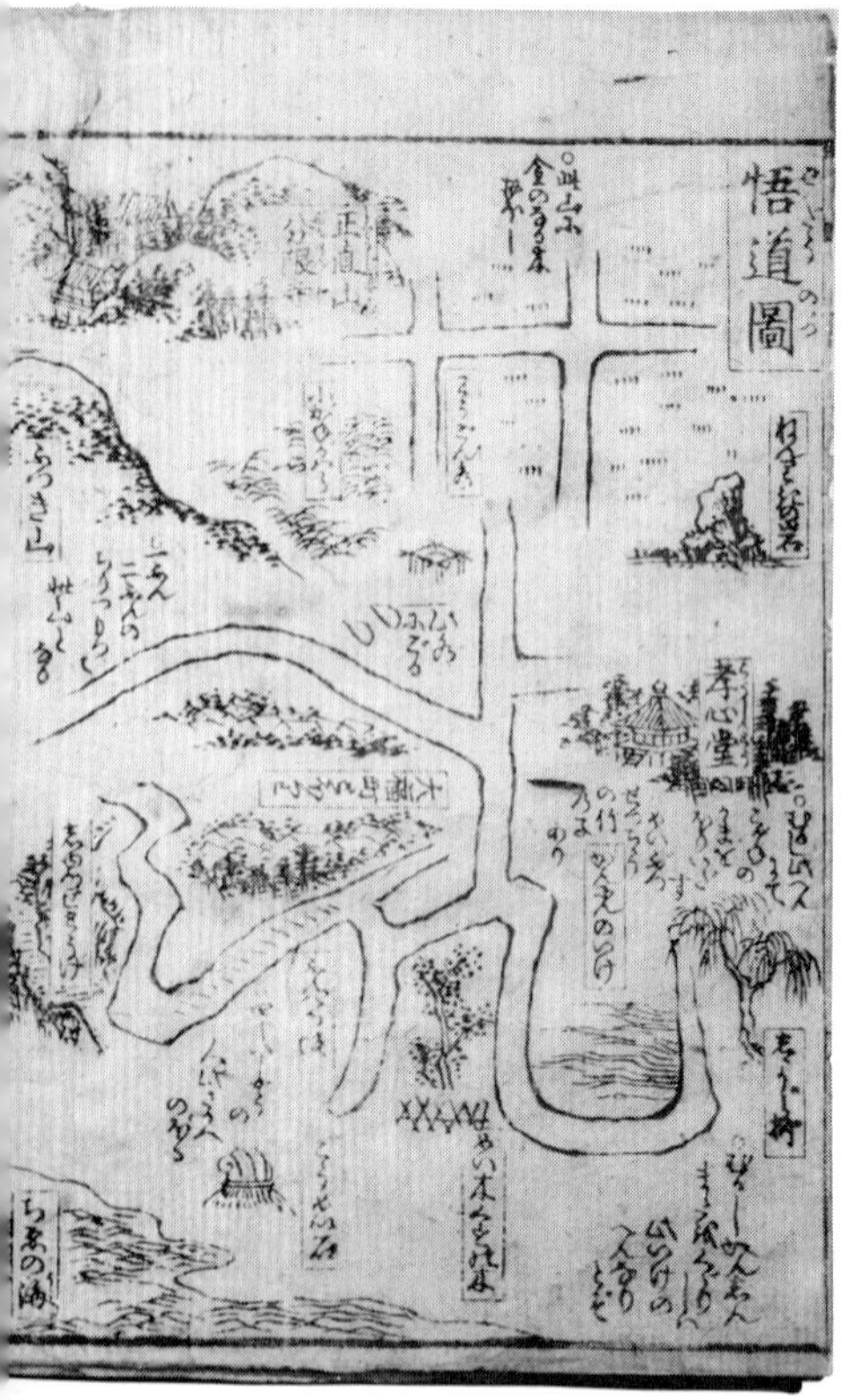

迷所獨案内』

味を掛ける)、その下に「ふつき山(富貴山)」とあり、「迷所図」には「身代ぶん山ン」(財産が分散するという意味を掛ける)、「ものみの松」、「ゆさん」(物見遊山に掛ける)とあります。また、「悟道図」中央右に「孝心堂」が描かれ、「○むかし此へんにてこがねのかまをほりいだす　めいぶつせつちうの竹の子あり」と書かれています。これは御存知のように『蒙求』やお伽草子『二十四孝』で有名な、孟宗の雪中の笋の故事が踏まえられております。それが、「迷所図」の方では同じく中央右に「かん堂」として描かれております。これはもちろん「勘当」が掛けられていますね。もう

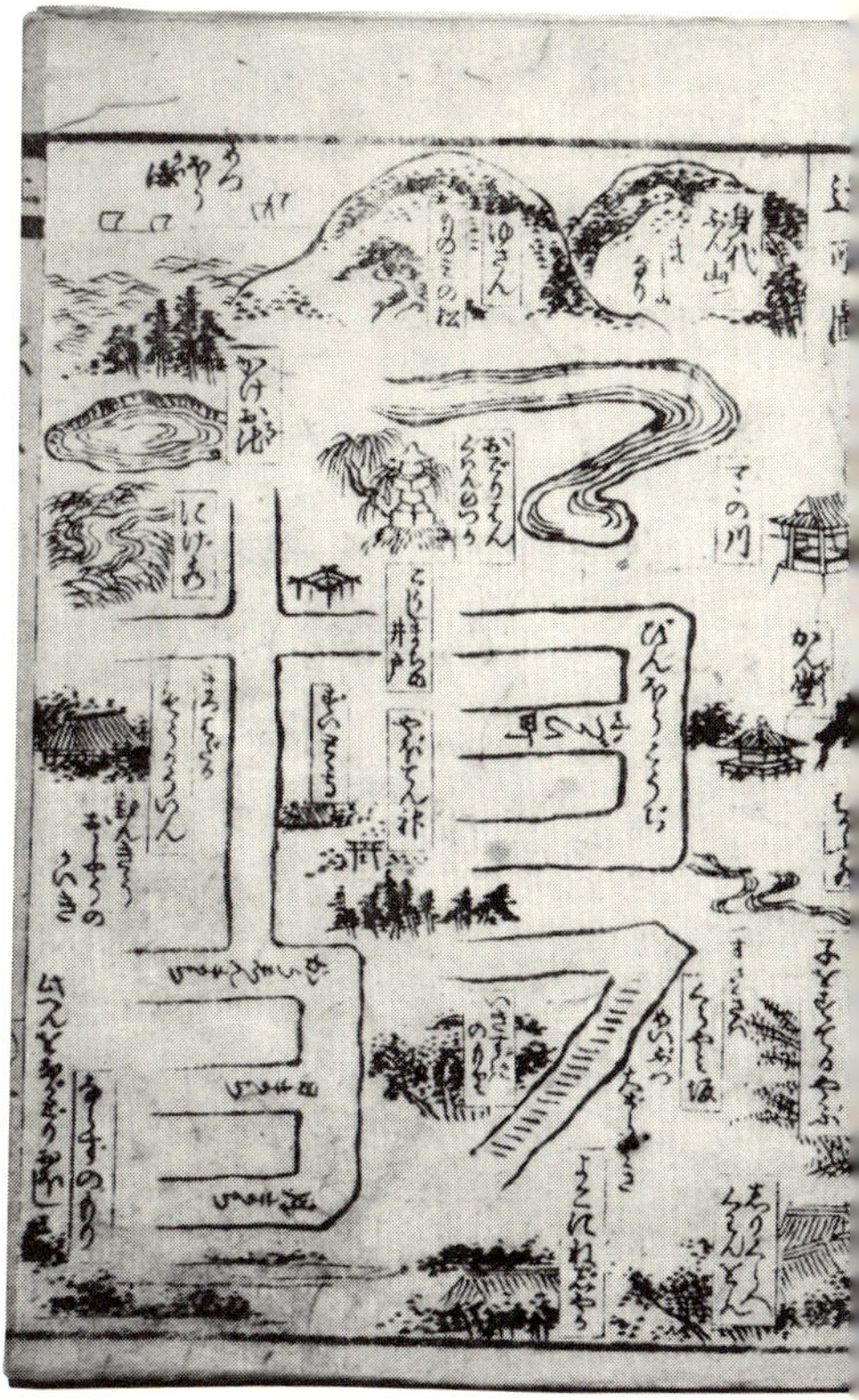

図1-1『人間／一

少し「悟道図」を見ていきますと、お金に関係したところで、「わうごん水（黄金水）」、「小がねがはら（小金が原）」、「しゆつせとうげ（出世峠）」などがあり、「ちゑの海（知恵の海）」に関連して「こうめい石（孔明石）」などが拵えてあります。「迷所図」の方では「いけんのかね（意見の鐘、無間の鐘に掛ける）」、「マ、の川」（天の川に掛けて、我が〈ままの川〉）、「おごりはんぐはんのつか」（小栗判官の塚に掛けて「奢り」を利かす）、「にげ水（逃げ水）」、「むかふ水（向不見）」などがあります。一つずつに洒落を利かせておりますが、江戸ではこれを「地口《じぐち》」と言っておりました。現代でこのような洒落など言いますと、若い人からは「○○ギャグ」なんて揶揄されそうですが、なかなか気の利いた表現ではないでしょうか。江戸の人々は大らかに言葉遊びを楽しんでいたのです。ところで、すでにお気づきの方もいらっしゃると思いますが、この絵の中には大きな細工がほどこしてあります。それは、「悟道図」の方には「サトルベシ（悟るべし）」という文字が大きく道のように記され、左側の「迷所図」には同様に「マヨフナヨ（迷うなよ）」と書かれております。ここで気づかれた方はおそらくニヤリとされたのではないでしょうか。

六　最後に

江戸時代の笑いとは言っても、現代の笑いと極端に違うものではありません。最初に「上位者が下位者を笑う」という笑いについてお話ししましたが、当然その逆もあります。とは言え、文芸作品の中では風刺的な笑いはそれなりにありますが、厳しく批判精神をもって作られたものは多くはないでしょう。江戸時代初期に「仮名草子」というジャンルが生まれましたが、この中には確かに厳しい風刺を読み取ることができるものもありますが、時代が進むにつれて変化していきました。大きな原因は出版の検閲制度に関わることかと思われます。ですから、出版という方法を取らないものでその批判精神が発揮されることになりました。落首などがそれです。最後に一つだけ紹介しておきましょう。

蝦夷の浦にうち出で見ればまごつきの
　武士のたわけのたけもしれつゝ

これはご存じのとおり、百人一首にも採られている「田子の浦にうち出でて見れば白妙の富士の高嶺に雪はふりつつ」(山部赤人)を下敷きにした歌です。文化年間前後の強硬なロシア南下政策に対しての狼狽ぶりを揶揄したものですが、「人は武士、花は桜木、木は桧」などと、人の手本として君臨してきた武士に対して、何と辛辣な表現でしょうか。でも、やっぱり見事な出来ですね。思わず笑ってしまいます。

【注　記】

ここでの引用は、『当世手打笑』につきましては、『軽口本集』（岩波文庫）より、近松門左衛門の作品は『近松全集』（岩波書店）、紀海音の作品は『紀海音全集』（清文堂）をもとにしました。ただし、訳文を付したものについては原文をほぼそのまま利用しましたが、一部分かりやすいように濁点も施してあります。訳文を付していないものは、適宜漢字をあてるなど読みやすいようにしました。なお、『人間／一代　悟衢迷所獨案内』は北海道大学日本文化論研究室所蔵本を使用しました。最後の落首は『文政雑説集』（『未刊随筆百種』中央公論社、所収）より紹介しました。

第二話　笑いの構造
――アイロニーの最大の振幅としてのユーモア

千葉　恵

一　はじめに

本日は笑いをめぐって一人芝居をいたします。九〇分おつきあいください。まず横隔膜下の体操をいたしましょう。息を静かに吸いながら、両腕を頭の後ろにもっていきます。そして、静かに吐きながら、頭の上に伸びをします。どこまでも、どこまでも天まで昇れ。これ以上挙がらないところで、ストンと力を抜きます。皆さんよくできました。どうですか、横隔膜が開きましたか。この準備体操により、講師陣で競っているAha（笑いの数値）の最高得点は私のものでしょう。はい、皆さんが最後に心の底から朗らかに笑ったのはいつですか。錆ついてしまった頬の筋肉の方には、もう思い出せないほど、遠い昔でしょうか。この一人芝居の間に「横隔膜下の笑い」と呼ばれるお腹の底からの笑いを経験いただき、錆を落としていただければ、何よりです。

最初に、皆さんに同意していただけると思われます考えを本日の出発点として提示します。
◎笑いは心の窓である。笑いの種類は心の状態の種類を表している。
笑いにはどんな種類があるか、そしてその笑いに対応する心の状態を最初に考察します。

本日の問いと到達目標を立てます。
◎朗らかな笑いはどのような人格に宿るのか？
◎笑いの本性とその力を理解すること。
◎主観的絶対化(思い込み、固定観念)からの解放としての笑い。
この思い込みから解放する力を考察します。アイロニカルなつまり皮肉で諧謔的な笑いとユーモラスなつまり朗らかで可笑《おか》しみのある知性と愛のコンビから生まれる笑いの相似と相違の考察を通じて、アイロニーの最大の振幅がユーモアに到達することを皆さんとご一緒に確認したいと思います。そして、ユーモアがどれほど新しいもの、新しい関係を作り出す力であるかを確認できればと思います。そして、あらゆる笑いを飲み込んでしまうと思われる死さえ、おだやかな笑いにより受けとめ、乗り越えることができるのかを、乗り越えたとされるソクラテスとイエスの事例により考察します。そのとき、心の底からおだやかで朗らかな笑いが私どもを包むことでしょう。

二　笑いの一般的分析

認知的不協和

笑いには種々ありますが、肯定的なものと否定的なものの二つに分類されます。嘲笑、冷笑、苦笑、失笑、照れ笑い、微笑、恵み深い笑い、朗らかな笑い、高笑い、破顔一笑、爆笑、呵呵大笑そして横隔膜下の笑い。作り笑いのあらゆる種類を除き、これらに共通する笑いが生起する文脈は、なんらかの刺激を受け、状況が変化し、自らが持っていた場の理解にズレが生じていることです。このギャップ、ズレを「認知的不協和」と呼びます。「前了解」「先行理解」と「新たな了解」の間に裂け目が大きいほど、笑いも大きくなります。この講義では否定的なものはその反対を考えれば理解できますので、肯定的な笑い、朗らかな笑いの構造を明らかにすることをめざします。確認しますと、

◎認知的不協和＝今まで持っている認識、了解と現場で生じたこととの間のズレ、ギャップのこと。
◎朗らかな笑い＝これまでの処理システムでは処理しきれない肯定的な出来事との遭遇ないし出来事の肯定的な解釈により生じるズレ、ギャップの認識がもたらす緊張からの弛緩、何であれ古いものからの解放そして新しいものとの出会いの喜び。言い換えれば、自ら作り上げた人間や世界の理解網としての処理システムからどれだけ解放されるかにより、新しい笑いに近づく

ということ。

◎笑いは創造なり！

失望していたり、強いられていた状況から一気に弛緩をもたらす状況の出現には安堵の笑いが起きます。また自分の思い込みが視点を変えることによってそこから解放されるということが起きます。この思い込みのことを「主観的絶対化」と呼びます。これには一つの事態、状況を他の視点から見直す視点のズラシが不可欠です。視点の変化こそが無知や古い自己やその思い込みとしての処理システムから新しいものとの出会いを準備します。

皆さんには、視点の転換やズラシに関する何か例を挙げていただくことができますでしょうか。期せずして笑いが生じた状況を思い出していただければよいのです。例を挙げましょう。ここに『Laughs（笑い）』という本の表紙の写真があります。（写真の下の部分を手で隠して高く挙げる）。なんの変哲もない犬と猫が仲むつまじく見詰め合っている写真です。ところが、このように下を見ると皿の上にネズミがちょこんと座っています。彼らはネズミを争っていたことが分かります。これはブラックユーモアとでも言うのでしょうか。もう一つ挙げましょう、ある夏の日に、家族でドライブにゆきました。犬を置いて何時間も留守をしました。家に帰ると犬は吠えたてますが、狭い庭のど真ん中にうんちを残していました。私どもは腹いせだろうと思ったのですが、少し記憶に障害のある私の母が「ベルちゃんは、ほらここよと教えてくれたのね」と言いました。この視点の柔軟さに、私は母はまだまだ大丈夫だと思ったものです。暖かい笑いは暖かい人格にふさわしいのです。

自己を構成する諸層

緊張から弛緩へ、そしてある否定的な予想からその肯定的な覆しは朗らかな笑いを引き出します。したがって、「いかなる意味においてその反対が真か」を問うことが柔軟な視点を提供することになります。この柔軟な視点を提供するものは、人間を広く、深くそして細かく観察することにあります。人間を構成しているものをここで挙げましょう。ひとは何をしていても、善と悪の判断をしながら生きています。その意味で「道徳的存在者」なのです。ひとは何をしていても、社会の中で生きています。それは経済活動であり、法の支配と保護のもとにあり、また様々な制度に帰属している「社会的存在者」なのです。ひとは何をしていても、生物として生きています。睡眠があり、栄養摂取、吸収そして代謝のうちにある「生物的存在者」なのです。さらに、ひとは何をしていても、時間と空間の法則のもとにおり、重力や光の法則のもとにある「物理的存在者」なのです。さらにひとは存在と非存在のもとにあり、常にひとはどこから生まれてきて、どこへ行くのかという問いにさらされています。物理学に至るまでの他のいかなる学によっても摑みえないこの存在者は物理学をこえた「形而上学(meta-physics)」と呼ばれる哲学的な存在者なのです。この存在者を「形而上的存在者」と呼びます。このように、誰もがひとは道徳的、社会的、生物的、物理的そして形而上的存在者として生きています。人間が生み出した学問は人間をそれぞれの次元において分節し、明確にするロゴス(言葉)の営みなのです。したがいまして、このような層から構成されている自己はどこでつまりいかなる言葉の網の目の中心において自己自身との一致において満ち満ちて生きるかが問われている存在者であり、その一致において生きるロゴスの場を求めざるをえない存在者なのです。

ここで、一例としてこのすさまじい現代社会を考察してみましょう。笑えない現象が山ほどありますね。社会的自己と生物的自己の間の大きな認知的不協和が生じています。一日中お店が開いており、そこで夜働いているひとは生物的には不自然な状況に置かれています。また、生物的には親になる十分な年齢であるにもかかわらず、社会的に一人前になる準備時間つまりモラトリアム期間が長くなり、結婚できないという状況もこの二つの層における分裂を表していましょう。このような自己を構成する諸層の緊張の中で、笑いが生じるとしたら、その緊張の層に埋没することなく、それらの緊張を他の層から視点を変えて理解してみるそのような状況が考えられましょう。その新たな立場から、社会を相対化することができるなら、社会的な自己の位置づけも相対的なものでしかなくなり、緩みが生じるでもありましょう。生物的な自己理解でさえ、年齢により自己理解が変化し、「年の功」か「年のせい」か知りませんが、かつて問題であったことが問題でなくなるということは往々にして見られることです。生物的な自己も一生を持っており、それを長い目で見るとき、一時的なものに引きずられることから自由になるやもしれません。金銭のために働いているとして、それを相対化する思考を持ちえたなら金銭に囚われずにすむこともありましょう。紙に数字を書いただけの貨幣はキツネが葉っぱをお札に変えただけなのではないでしょうか、どれだけのマジックを演じうるのでしょうか。人々の需要と供給の間で価値が決まりますが、母なる地球を考慮に入れたとき、あれほど欲しかった一〇カラットのダイヤモンドよりも、一立方のおいしい空気と水の方が高価なものとなることがあるということを思い出すとき、今飲む一杯の水がダイヤのように輝くかもしれません。マザー・テレサは聖書の教えに基づき生活し、つまり形而上的な存在者として、社会的存在から比較的自由でありましたが、次のように述べています。「貧困は分かち合わないから起きる」と彼女が語るとき、それは絵空事ではなく、彼女の六十年間のカルカッタにおけるあの生活において「一度も貧困を経験しなかった」事実の裏づけにより語られます。ある少年が家に走って帰り、「かあちゃん、黒砂糖ある。マザーのところに砂糖がないんだ。おいらの分二、三日なくてもよいから分けてよ」と頼み、母親からひったくるように取って駆け戻ったとのことです。私にはこれは十分奇跡であるように思えます。このように私たちが置かれている状況を様々な角度や層からあらためて考察するとき、ひとは主観的絶対化からの解放として、喜ばしい認知的不協和をも経験することもあることでしょう。認知的不協和が苦しみではなく、人間の多様性を語るものとして位置づけられることもありましょう。そのような創造的な営みの中では、先の円錐形とも言える自己の理解網（道徳的、社会的等）は常に新陳代謝を繰り返し、常に新しい自己を形成しているることでしょう。

笑いを引き出す表現方法の工夫

笑いはこのように、視点の転換により同じ事象が異なった光のもとに異なった解釈を提示することを通じて、認識のギャップやズレにおいて生じます。ここでは、一つの事象をほぐし緊張から解放してしまう、柔軟な思考を伝える表現を分析してみましょう。一つには、婉曲的な表現により笑いを引き起こす「婉曲法」と呼ばれるものがあります。また、誇張的な表現により笑いを引き起こす「誇張法」と呼ばれるものがあります。さらに、反対の視点からの表現により笑いを引き起こす「倒置法」と呼ばれるものがあります。

婉曲法の一つの例を、昔聞いて忘れられない野球解説者小西さんの言葉から挙げましょう。ピッチャー振りかぶって投げた。あっ、ワンバウンドでキャッチャーにあたりました。痛そうです。うずくまっています。解説の小西さん、どうでしょう、痛いのでしょうか。「エーなんと申しましょうか。女性には決してご理解いただけない痛みですね」。

誇張法の例を三つ挙げましょう。ダンテがベッキオ橋で永遠の少女ベアトリーチェを見初めますが、その喜びが「新生」という作品を生み出しました。「愛彼女について言う「必滅者いかでかく麗しくかく清くなるをうるや」と。……その真珠に似たる色は、女にふさはしきほどにとどまりて度を越じ。彼女は即ち自然の造る美の極み、これとくらべてみて美は証しせられる」。女性の方々、このように「あなたは自然の作る美の極み、あなたによってあらゆる美は験《ため》される」なんちゃって言われたことありますか。言われてみたいものなのでしょうか。ここまでくれば、誇張も立派な詩となりますね。もう一つはフーテンの寅さんの歌から挙げましょう。「ウーエを見ればキリがない。シータを見ればアトがない～」。これは寅さんが歌うと、そして塵にも等しいこの身には、身にしみますね。

ユダヤ人ジョークというものがあります。歴史的に厳しい状況に置かれた民族はジョークによってその苦しみを紛らわせているかのごとくにジョークを頻発します。彼らは歴史の中で特異な位置を占めていますが、それは何か中心的なものへの彼らの集中力によるものだとされます。二千年前、ひとりのユダヤ人ナザレのイエスがあらわれ、「明日のことを思うな、一日の労苦は一日で足れり」、「何を着ようか、何を食べようか思うな」、「貧しい者は幸いだ」、「まず神の国と神の義とを求めよ」とお腹をすかした民衆に語りかけました。一番大切なのは、汝の宝のあるところに心もあるとし、心であり、その心のあり方に関心を集中させました。それから、ずっと時がたって、もうひとりのユダヤ人マルクスは、何言ってんだい、武士は食わねど高楊枝などとは嘘こけ、腹が減っては戦ができぬだ。下部構造が心や精神という上部構造を決定するのであって、経済問題こそ、一切の問題の根にある最も重要なことがらであり、ハートではなくストマック・胃袋こそ中心だ、と主張しました。するともうひとりのユダヤ人フロイトがあらわれ、何言っているんだい、すべては、美化して言えば、異性への思慕から始まるのさ。ありていに言えば、性欲こそつまりジェニタルこそが一切の源泉さ。芸術活動や他の営みはすべてこの欲望の昇華にすぎないのだ、と主張し人間の中心をしだいに下げていきました。最後にアインシュタインがあらわれ、何言ってんだい、最も中心的で絶対的なことは「すべてが相対的であるということさ」と言いました。これなども、一切を一つのものとの関連で見る一種の誇張法と言えましょう。

さて、倒置法の例を三つ挙げましょう。チャーチルはノルマンディー上陸作戦のあと、パイプをくゆらせながら悠然と「This is the end of beginning（始めの終りだ）」と言ったあと、「No, the beginning of the end（終りの始まりだ）」と言い直しました。イギリス人は今まで一度も大きな戦争に負けたことがないのですが、それは noblesse《ノブリス》 oblige《オブリージュ》（高貴なる者義務を負う）と言い、どんな状況にあっても将校は冷静沈着であることが求められ、その将校の有能さによるという説があります。人前で決して慌てないということの彼らの強い信念というか見栄により視点の変換が起こり、最善の戦略を思いつくことにさえ至るのです。バランス感覚を失い、近視眼的に固定観念に囚われているとき、笑いはおろか、多くの失敗を引き起こすことになります。

次の例を挙げましょう。経験の少ないひとを揶揄する言葉に「井中のかわず大海を知らず」という諺があります。しかし、それには大逆転の下の句があったのです。そして、それはなるほどと思わせる説得力のあるものです。井戸はほとんどまっくらですよね。でも一点だけ光のさすところがあるのです。そこから得られた下の句が「されど天の高さを知る」というものです。これは負け惜しみのようにも見えますが、追い詰められ、どこにも逃げ場がないような状況においても、魂は自由でありうることを証する歌です。確かに貧しさやハンディのゆえに人生に選択肢の少ない生活は井中の蛙とも考えられましょうが、魂は内的にはどこまでも豊かでありえます。宇宙のかなたの高さまでも知る、ないし感じ取ることができるのです。これも反対の視点から現実を眺め解放を促すものです。

もう一つの例を挙げてみましょう。近頃はイケメン、美女美女かまびすしい世の中です。化粧の広告や雑誌の記事を見ると、ひとはどれほど美形に憧れているかが分かります。それを茶化したものに、「美人なんて三日一緒にいれば飽きる」というものがあります。これはそれだけのことでなんら代わり栄えしない真理です。この言葉をひっくり返してみるとどうでしょう。ブスブス悩むな。ブスバスガイドバスガスバクハツ。ブスバスガイドバスガスバクハツ。ハ行とカ行の唇の摩擦音練習はこれくらいにして、誰かが「俺の彼女ブスなんだよ」と自嘲気味に言ったとします。「なにブスなんて三日一緒にいれば慣れるさ」と言うとき、視点の転換が起こり、緩みが起こるでしょうか。かえって怒り出したりして収拾がつかなくなるかもしれません。

三　朗らかな笑い

新しいものとの出会い

私はここで肯定的な笑いが生起する状況を分析したいと思います。何も変哲もない状況において、またあたりまえだと思っている状況において、突然その場にそぐわない日常的ではないことがら、また予想を裏切ることがらが、しかもウイット（機知）によりその場を何か明るいものに変える力が現出するときに朗らかな笑いは起きると言えましょう。

朗らかなひとには、笑いがまとわりついてきます。皆さんも人生の達人と思われる方々をご存じでしょう。彼らはなぜあんなに朗らかなのでしょう。そのひとはいつも新しいものに出会っているからです。パスカルは「新しいものとの出会いは謙遜と勤勉を生み出し、古い自我への固執は傲慢と怠惰を生む」と言います(『パンセ』)。いつも新しいものに出会っているひとは、古い自分にしがみつくことなく、自ら持つ古い言語網からなる処理システムで外界との接触や刺激を処理することなく、いつも、自らの殻を出て、心を新しい創造のモードにたもっています。魂の中が豊かなために、いつも新しい視点、角度から日常の様々なことどもを眺め、受けとめ直すことができるので、決して古くならず、新たな発見があるのです。そのひとは怒りや憎しみ等の過去に囚われていないのです。また不安や恐れそして欲望等の未来にも囚われていないのです。この今を心をまっさらにして和紙が水を吸収するように生きているから、新たなものに出会うのです。放物線が接線に触れるように、あるいは夜空から流星群が降り注ぐように、現在のうちで永遠に出会っているのです。実は人類は永遠との関連においてしか愛を理解してきませんでした。そして愛の感情の実質は他何でなくとも喜び以外の何ものでもありません。確かに感情は現在において生起するものです。怒りや憎しみのように過去により現在が支配されるのでも、恐れや不安のように未来により現在が支配されるのでもなく、今を生きることがあるとすれば、そこに最も現在的な感情である喜びが生起しているに違いありません。そして愛に生きるときだけ今を未来の手段にすることもなければ、過去に隷属させることもなく、喜びの中に生きます。

アイロニーとユーモア(朗らかな機知)

アイロニー(皮肉、諧謔)は一つの視点の変化をもたらします。アイロニーは知識を持っている者があたかも知らないかのごとく振舞い、相手の無知に気づかせ相手を無知の状態から知識の状態に変革する手法です。ときに、無知を暴き出しますので、相手を傷つけてしまうことがあります。しかし、そこに相手の知性に対する信頼があります。受け手をなんらかの仕方で信頼していなければアイロニーは成立しません。相手、受け手を否定的に決め付けることはなく、相手の知性による気づきを促すという点で、単なる破壊的行為とは異なります。アイロニーはしばしば相手が一つのことを真実であると思い込んでいるとき、それを正面からではなく、ある知識を伴い否定し、相手の変革を促す手法です。ひとは何かを思い込み、他のことに考慮が及ばなくなっているとき、第三者の客観的な視点から自らを眺め、捉えることができなくなっています。アイロニーはその主観的な絶対化を知識によって解放するのです。

しかし、アイロニーはユーモアすなわち機知に富んだ愛ある朗らかな心の態勢には及ばないのです。何に関して及ばないかと言えば、現状を変革する力においてなのです。ユーモアはアイロニーをさらに振幅させてのみ生じます。キルケゴールは「アイロニーの最大の振幅がユーモアである」(日記、一八三七年八月四日)と書いています。否定をさらに揺さぶり否定するとき、肯定に至ります。

そして、その振幅をどこまでも続けるとき、そこにはもはやアイロニーではなく、ユーモアが成立しています。なぜかと言えば、ひとは通常他者とそこまでとことんつきあうということはないからです。アイロニーのひとは手を汚さず、お高いところから、無知なる者を知的なめざめに導きますが、ユーモアのひとは相手の下に立ちつまり理解(under-stand)し、相手を肯定し、アイロニーの視点を持ちつつ、相手と共に、その思い込みから逃れ、さらに、次の段階に共にゆくのです。ここには愛があるのです。ユーモアがアイロニーの延長線上にあると言っても、それを振幅させる力を得るのは愛、理解そして共苦です。知識による否定を通じての変革に終始せずに、思い込みに緩みが出来事になるとき、朗らかな笑いと共に変革が生起します。例えば、ハエが窓の外に出ようとして、窓がそのそばで一〇センチほど開いているのに、窓に突き当たる光景をよく目にします。ひとはそこに滑稽とペーソス(悲哀)を感じることもあるでしょう。なぜそのように感じるのでしょうか。ハエは主観的にはとても一所懸命なのに、周囲の状況を冷静に把握していないその無知な思い込みにその感情は起因します。アイロニーのひととユーモアのひとは異なる対応を取ります。そこで問題です。アナタナーラドウスルー？　どう対応しますか。アイロニーのひとはこう言うでもありましょう。「ハエ君、精がでるね。君の羽の強度と窓の強度を計算すると、君は見事に十年でこの窓を突き破れるよ。時に君の寿命は何日だっけ」。アイロニーを最大限にまで揺するユーモアはそのときどう言い、どうするのでしょう。「ハエ君、今日も暑いね」と言いながら、がらっと、窓を開けてやるだけでよいのです。タヤスイコトダ、アイスレバヨイ(注)。

ソクラテスとイエス

ここで深刻な話題になります。ひとは実は生まれたときには、死ぬのに十分なくらい年を取っているのです。死は究極的にまじめで、どんな笑いをも飲み込んでしまいそうです。ですから、この問題を解決しないかぎり、人類はどんなに笑っても、なにか悲哀を帯びた、あるいはひきつったものになってしまうのです。死は絶対的にまじめであり、生の一切の営みを全面的に否定してしまうものなのでしょうか。ハムレットの戦いを思い出します。「生きるべきか、死ぬべきか、それが問題だ」。「今来るなら、後には来ない。後に来るなら、今はこない。今こなくとも、いつか必ずやってくる。覚悟がすべてだ(Readiness is all.)」。正岡子規は「悟りとは死を恐れなくなることではない。どんな現実にあっても平気で生きうることである」と言っています。本当にそのようなことは可能なのでしょうか。

ここでソクラテスとイエスの死における態度を比べてみましょう。興味深いことに気づきます。二人とも法の不正な適用により死刑に処せられました。二人とも結果として死に打ち勝った者と報告されるに至ります。もし笑いの最大の敵である死に打ち勝ちますなら、ひとはどんなときにでも朗らかでいることができるでしょう。

ソクラテスは存在そのものが相手の無知を暴くという意味で一種のアイロニーであり、軽佻浮薄な都市にとって、一種の生きた良心の呵責として機能します。ソクラテスはのうのうとしている牛(市民)につきまとうアブのようだとも、また真理に痺れているシビレエイのようなものだからこそ、ひとを痺れさせるとも言われます。ソクラテスは人生にとって「最もだいじなこと(ta megista)」つまり「善美のこと(人生の目標)」について知らないことは、生のあらゆる行為にその最も大事なことが反映されそしてそれとの関連で他のものが位置づけられる以上、何も知らないのに等しいと受けとめています(『ソクラテスの弁明』)。そのような立場から自らを知者であると思っている人々を吟味すると、確かに彼らは自らの専門については知者ですが、それらを生の全体との連関に位置づけるとき、その無知が暴かれてしまいます。通常アイロニーは知者が無知者に向けるものですが、ここでは生の最も大事なことの無知の深刻な自覚がロゴス(言葉、理性)により探求を促し、自ら知者であると怠惰のうちに思いあがる者とのコントラストそのものが無知な相手を滑稽なものにしてしまいます。アルキビアデスは「ソクラテスこそは僕の心にまさかと思われるような感情を呼び起こす唯一の人です。それは別種の人間を前にしたときに覚える恥ずかしさなのです。……そして彼が存在しない方がよいと思うことはたびたびあります」と言います(『饗宴』)。深刻な無知の自覚の中でひたすらなる愛知はもはやアイロニーというよりロゴスへの信頼の中での朗らかなユーモアへの限りない接近を示しています。実際彼は知を愛しそしてひとをも愛しているように思われます。

ソクラテスは友人に囲まれて死を迎えます。遺言としてアスクレピオスに鶏の借りを思い出し、返すようにお願いしています。彼の死にはなんら神秘的なところがありません。ロゴス(言葉、理性)の力への信のうちに生涯ぶれることなく朗らかな生を貫徹しました。ソクラテスは「正しい者には死を恐れる必要はない。生きていても死んでからも、正しい者にはなんら悪しきことはおきない」と述べています（『ソクラテスの弁明』）。彼はそれを論証しますが、その論証方法は正―不正、優れたもの―劣ったもの等言葉の意味、含意関係から導出する「ロギコス（形式言論的）な論法」と呼ばれるものです。そこでは、ソクラテスは自らを正しい人間であると主張しているわけでなく、言論の力として「正しい者」にはなんら悪しきことは起きないと論じます。いったい「優れた笛吹きは技術の上で劣った笛吹きの影響を受けるか」と問います。これはあらゆる技芸に妥当すること明らかですが、うまいものがへたなものにより技術のうえで影響を受けることはないでしょう。それと同様に正しい者は不正なものより勝った者であることは明らかであり、優れた者が不正なものや劣ったものにより影響を受けることはないでしょう。死は、正しい者には、夢さえ見ない健やかな眠りであるか、あるいはソロンなど他の正しい者たちとともに楽しく語り合うそのような場をそなえるものであるかいずれかであり、悪しきことではありません。したがって、正しい者には死はなんら恐れるべきものではないと語られます（『ソクラテスの弁明』）。このように、技術のうえでの巧拙、優劣という関係を魂の全体に関わる正義と不正に適用する議論は「テクネーアナロジー（技術知との類比）」と呼ばれます。ロギコースにつまり言論の力により技術という誰にも明らかなものへの類比に訴えて、死は恐るべきことではないという主張を展開するソクラテスの生に神秘的なところはなく、聡明でさえあればよいと思わされます。知性の人は苦しまないという印象を受けます。

　ソクラテスが知性のひとであることは誰もが認めるでしょうが、愛のひとでもあったのではないでしょうか。彼を利用しようとして近づいてきた政治的な野心の強いアルキビアデスやクリティアスに対しても、吟味という仕方で見捨てることなくつきあい続けています。クリトンら親友は最後までソクラテスを冤罪から解放しようとしています。友情に厚かったことも明らかです。この問題は明確な対比となるナザレのイエスのケースを挙げてから考察してみましょう。

ナザレのイエスは弟子にも裏切られ、見捨てられて死にました。神にさえ見捨てられ「わが神わが神、何故私を見捨てたのですか」と言っています。しかし、誘惑に打ち勝ち死に至るまで父に対する従順を貫き、十字架上で迫害者たちを「父よ彼らは自分たちがしていることを知らないのですから、赦してやってください」(『ルカ福音書』)と執り成しています。

人格的な信(父と子)の中で従順を貫き、罪びとの贖いのために死を受けとめました。それによってのみ、罪という死の棘を抜き取ることができ、棘の抜き取られた死はもはや通常に理解される死ではなく、眠りとなります。彼の生全体が愛の業の連続という意味で、神の国を自ら持ち運ぶものでした。ヘブライ的には愛とは支配からも被支配からも唯一自由な場所で出来事になる我と汝の等しさです。二千年以上前に「汝の隣人を、汝自身を愛するように愛せよ」と愛を命じ、しかも愛は「汝自身を愛するように」に見られますように、我と汝の等しさであることを「レビ記」の著者は理解していました。我と汝が出来事になるとは我は汝のゆえに我であり、汝は我のゆえに汝であるという等しさの生起のことです。父と子、妻と夫、友と友、社長と社員このような関係においてある二人の間に、なんらかの等しさが生起しているとき、そこには愛があるのです。しかし、この地上においてはシーソーのバランスは崩れたままであり、敵に右の頰を打たれたら、打ち返すのではなく左の頬を向けるという仕方でだけ、いつの日にか友と友となる希望のうちに敵を愛するでもありましょう。バランスの崩れに生じた真空は希望において埋められており、信と希望においては等しさが出来事であるということはありえることです。この地上においては愛は形としては献身や犠牲であるにしても、神の国においてはまったき等しさが実現していることでしょう。この世にあっては、愛の人、同情の人は苦しみます。敵を切断せず、敵をも包み込もうとするからです。戦うべき相手は人間ではなく、罪との真剣な戦いがあるところ、そこにはもはやソクラテスのようなゆとりはなかったと見るべきでしょうか。深刻な罪との戦いはロゴスへの殉教とはやはり異なるものでしょうか。この十字架の出来事は共苦がもたらす神のユーモアでしょうか。まったくひとの子にしてまったく神の子による「贖罪」という出来事は人間が考えうる最も適切な義と愛の出会いの場を提供することは事実です。単なるひとが他人のために死んでも人類の罪を一切贖うことはできず、他方肉において生きることのない単なる神が人類のために死んでも、人類の苦しみを自らにおいて担ったことにはならないでしょう。ナザレのイエスはまさにそれを遂行したと報告されています。彼の十字架の死のゆえに私たちの「古いひと」は「共に十字架につけられた」(『ローマ書』)と言われます。生物的には生身の自己は生きていますが、神の前ではイエスの死において私たちの古い自己は共に死んだとみなされています。そして、イエスの復活のゆえに、ひとは新しい自己を神の前で復活のイエスと共に生きることができると報告されています。確かに生物的な死が永遠にめざめる前の眠りであるとするなら、そこにはなんらかの緩みが生起しています。

ソクラテスとイエス双方はギリシア的およびヘブライ的伝統において、それぞれロゴスと神への信を貫きました。信には少なくとも二つの構成要素があります。認知的要素および人格的要素です。何かを信じるとき、ひとはその対象に対するなんらかの知識を持っています。しかし、完全に知っているときは「信じる」必要はなく、その表現を通常用いません。何かを信じるときは、知らないからこそ信じるのです。ソクラテスは知らないからこそ信じます。そして、その信が知識をもたらすことを求めています。彼のロゴスとしての神への信仰には認知的な要素が強いと言えます。

イエスの信は父に対する従順としての人格的な要素が強く、ひとの前で神の前における生を貫いたと報告されています。「神の前」とは神の人間に対する意志や認識が明らかにされている状態のことですが、イエスはそれを自らのことがらとして十全な知識と信のうちに生きたと報告されています。人格的な信が問題であるところでは、認知的な問題は克服されていると言うべきでしょう。神が信実であったとき、ひとはその応答として信実であろうとする場合においてのみ、人格的に等しい関係は構築されます。ソクラテスの場合は真理への信頼が強く、また神を人格的に信じていましたが、イエスのようにその知識を主張することはありませんでした。彼が留まりうる領域は認知的な信念の次元であり、知を求めるという仕方で信が機能したため、彼においては人格的な愛が前面に出ることはありませんでした。他方、ナザレのイエスの従順な生涯は神の子のそれとして受けとめられ、そこでは救い主であるイエス・キリストにおいて神による人類への愛がまず啓示されており、その愛への応答としての人格的な信仰が求められています。

四　愛

愛は知性とともにユーモアの源であり、愛のあるところ恐れは取り除かれ、希望が湧き出ます。「愛」と訳されてきたギリシア的なエロース（「永遠に善きものを獲得する衝動」）であれ、ヘブライ的なアガペー（「我と汝の等しさが生起していること」）であれ、愛を人類は永遠との関連においてしか語ってきませんでした。自らの濃密な感情を味わっていたいというイメージへの集中、陶酔を特徴とする情熱恋愛でさえ、そのつきつめた形態はロミオとジュリエット、トリスタンとイゾルデ等に見られますように心中によって永遠の合一をめざします。情熱恋愛における感受帯の発動をプラトンは次のように述べています。「その姿を見つめているうちに、あたかも悪寒ののちに起こるような一つの反作用がやってきて、異常な汗と熱とが彼をとらえる。それは、彼が美の流れを、眼をとおして受け入れたために、熱くなったからに他ならない」（『パイドロス』）。このようにしてひとは愛の道を歩みだします。この感受帯の発動に伴う力は情熱であり、この情熱曲線を高めるために障害を必要としており、例えば嫉妬などの苦悩の薪をくべて情熱を維持し燃え上がらせます。障害の最大のものは死であり、それを二人で遂げることにより永遠の合一を求めます。この情熱恋愛はプラトンによれば身体の美を求めるという愛の道の出発点という通過儀礼にすぎず、自然に入学するものではあるが、修業の次の段階である精神の美に惹かれるときには卒業しているものと位置づけられています。これを卒業しそこねると、精神が肉となり陶酔と幻滅の繰り返しが人生ということになります。

エロースの修業過程において精神の美に目が開かれ、学問の美へと導かれ、美の大海原に向かい哲学による美しく高貴な思想や言説を生みます。その「究極最奥」のものとして「それ自身だけでそれ自身とともに、単一な形相を持つものとして永遠にある」美のイデアに出会います（『饗宴』）。その出会いの瞬間は「愛の道の究極目標に面して忽然として、本性驚嘆すべき或る美が観得されると描かれています。

プラトンが求める美のイデアとしての「永遠」に「神の国」を代入することもでき、この生のただなかでエロースはアガペーを求め、そして我と汝の等しさの生起としてのアガペーはさらによい社会や制度を求める根拠となるという仕方で、エロースとアガペーは相補的でありうるのです。パスカルは「愛から遠ざかればすべてから遠ざかる」（『パンセ』）と言いました。「すべて」には生きることそのものも含まれます。愛は信と共に生を構成する最も根源的な要素であると言えます。愛は命じられうるものであり、感情の次元においてくみつくしえませんが、感情の文法に即して言えば、愛は最も現在的な感情です。怒りや憎しみや後悔のように、現在が過去に支配されることがなく、また不安や恐れや欲望のように、現在が未来に支配されることもありません。愛のあるところ、そこには放物線が接線に触れるように、永遠がつまり時との和解が生起しています。今を生きることをそれ自身として喜びます。愛の感情実質は端的な喜びです。そして、その喜びには根拠があり、その根拠に基づき未来を作る希望が湧き出しています。愛においてだけ否定的なものから解放されています。アイロニーに留まるとき、ひとは知性を最大限に用いていません。対象を否定により変革することから一歩進み、対象の下に立ち共に歩み、アイロニーの最大の振幅に至るまで否定の否定を繰り返すとき、ひとはユーモアに到達します。生へのどこまでもの肯定がユーモアの不可欠的条件です。愛だけが死を乗り越えることを知っているひとは、自らを犠牲にしてでも愛を貫きます。その愛の受け手には生の喜びが伝わります。そこに朗らかな笑いが生起する人格が形成されるように思われます。

これまで見てきましたように、単なる知性の明敏さだけではユーモアに到達しません。古い自己を離れて、これまで培った他人の識別としての理解や、人生の折り合いのつけ方としての自らの処理システムから抜け出て、与えられた出会いと今の時を感謝しつつ、新たに隣人と新しいよきものを作り出すべくひとに接するとき、おのずと気分はミケランジェロとなることでしょう。その今出会っているそのひとはディケンズの『クリスマスキャロル』に登場するスクルージのように、昨晩のうちにまったく新たに生まれ変わっているかもしれないのです。古いものを古いとし、過去を過去とし、新しいものを造りださずにはいない積極的な可能性が愛です。愛のひとはいつも新鮮ですので、その場をいつも新鮮な朗らかな笑いが包みます。そのためには、与えられた現実を恐れることなく、愛することから始めましょう。自分を肯定できずに、現在を、そして出会う隣人を肯定することはできないでしょう。

五　むすび

学生にアイロニーの事例とユーモアの事例を自ら考え、作るようにレポートに課したことがあります。彼らはその作業を通じて、どんなにユーモラスな事例を形成することが難しいかを思い知らされているようです。つまり、彼らにはそのときユーモラスになるという明確な人生の目標が与えられたことになります。学生たちはユーモラスでありたいという願いの中に、毎日視点を変える訓練をしています。皆さん、人生を長く生きてこられ、人生の知恵を体得しておられる皆さんにはこれまでの私の話をどのように思われましたか。生きとし生けるものを慈しむそのような感覚が習慣づけられている百戦錬磨の皆さんには、あまりにあたりまえの話であり、私の言わずもがなの話をもご寛容の中で憐れみ慈しんでくださったことでしょう。あるいは、「君はどれだけ講義の前に自説を振幅させたのかね。愛だの今を生きるだの、青くさい直球だね。こんなにヒネリのないボンヨーな筋では学生さんでも打ち返せるね」とアイロニーに留まっている方もおいででしょう。そんな方、ご一緒にいかがですか。否定語を言いそうになったら、それを一旦飲み込んで、さらに振幅させて、ユーモアに到達させてみませんか。そのとき期せずして生じる笑いがどんなに周囲を和ませることでしょう。そして、そのような生がどんなに祝福されたものかを知るでしょう。「フニャフニャ。よかったよ。振幅が大きすぎて、入れ歯がはずれちまったよ。お迎えが近いわれらにはロゴスはもういらないから、なくても構わないがね。でも、まだうまいものは食べたいから帰ったらはめなおすがね。フニャフニャ」。

【注】

講義後に提出された感想、質問用紙にいくつかこの事例に対する応答がありました。一〇回目の講師全員が出席する全体会で、ある方からの次の例を紹介しました。「アイロニーのひとはハエのために窓を大きく開けて出やすくしてやります。私はユーモアのひととしてハエたたきでたたき殺してやります。逃げたハエはまたヨソの家の窓で同じことをくりかえします(悩みが続きます)。死に至ったハエは悩みから解放され永遠の眠りにつくことができます。終り」。この見解に対して、講師の一人は「いいですけど、きちんと掃除してくださいね」と応答しました。

さて、アイロニーのひとは次のように応答するでしょう。「食物連鎖ということ、ご存じかな。その転がったハエの死体から蛆がわき、新たなハエとなり、あなたのムクロを美味しく食べるであろう」。アイロニカルなユーモアのひとならこう応えるでもありましょう。「確かに、同じことを繰り返すハエはうるさいですものね。タタキ続けて無エをタタキ続けることは彼らのためになるかもしれませんね。でもそんなハエは無数にいますね。愚かなハ数のハエと生涯を伴にするのも、なかなか肩がこりますね」。ここに緩みは起きますでしょうか。それでは、この見解の下に立ち、どれほど一緒に振幅させれば、ユーモアに到達するのでしょう。次のものはユーモアに到達していますでしょうか。「確かに、その方がハエのためでしょう。一生涯の愚かさから解放してやるのですからね。愚かなものはなんであれ、生きるに値しませんものね。なんであれ愚かな順に殺し続けて、最後に最も賢いひとが生き延びたとしましょう。その賢いひととは誰でしょうね」。

西田幾多郎は作家ラムについてこう述べます。「ラムは本当に心の暖かいひとであったと思う。彼のように不幸な生涯を過ごしたひとがどうしてあんなに暖かい心を保ちえたであろうかと思うと、彼の美しい天分を羨まざるをえない。しかしラムの諧謔はただのユーモアではない、諧謔の底に涙があるのだ」(「暖炉の側から」)。涙のあるユーモアは否定を通過したひとにのみ可能です。

講義の最後に、愛の一事例として、その春人々の心を深く打った四川大地震における一つの出来事を紹介しました。救援隊ががれきの中で四つん這いになって固くなっている女性の下に乳児が生きているのを発見しました。彼女が手に握っていた携帯メッセージに、生命をかけてあなたを愛した母親のことを忘れないでほしい、よい人生を送ってほしいという趣旨のメールが残されていました。ここに母親の愛の強さという普遍的な真理を見るとともに、愛だけが生命に冠せられる肯定的なものの一切を生み出すこと、そしてもうだめだという思いの中で指を動かすその動作に涙とともに人間であることのユーモアを感じるのは私だけでしょうか。

【参考文献】

パスカル『パンセ』(白水社、一九六八年)、宮田光雄『聖書と笑い』(岩波新書、一九九二年)、ジャンケレヴィッチ著、久米博訳『イロニーの精神』(ちくま学芸文庫、一九九七年)、キルケゴール『人生の知恵、キルケゴールの言葉』(弥生書房、一九六九年)、ダンテ著、山川丙三郎訳『新生』(岩波文庫、一九五二年)。千葉恵「愛」『事典哲学の木』(講談社、二〇〇二年)。北海道大学電子レポジトリHUSCAPにより、千葉恵の関連論文を閲覧することができます。検索手順、北海道大学HP→HUSCAP, http://eprints.lib.hokudai.ac.jp/dspace/index.jsp→「千葉恵」または「千葉恵」。「エロースとアガペー——ヘレニズムとヘブライズムの絆」等。

第三話　日本政治のマジメとワライ

川口暁弘

一　笑い力不足のお詫びと題目変更

たいへん申し訳ありません。お詫びから始めます。本日は「元勲達の話術」と題して講義をおこなう予定でした。皆様にあらかじめお配りしたパンフレットにも次のような文章を掲載しました。

元勲達の話術――伊藤博文、山縣有朋、黒田清隆――

福田総理は、言質をとられない発言の、達人である。失点が無い代わりに面白くない。大衆の欲するものを与えなければならない時代の政治家としては、聊《いささ》か物足りない。だが、現在の表層にみえる無味乾燥の福田話術は、歴史の深層に好味湿潤——何らかの歴史的な結果——を残すやも知れない。明治時代の元勲達の話術を検討すると、ふと、その様な期待を抱きたくなる。

今回の公開講座で紹介する伊藤博文、山縣有朋、黒田清隆の三名は、維新の錚々、明治の元勲である。けれども、彼等の話術は決して褒められたものではなかった。伊藤は自慢話に陶酔して人の話を聴くことがなかった。山縣は客人の話に相槌をうつばかりであった。黒田は酒の力をかりなければ、存念を吐けないことがあった。

しかし、この三名の話術はそれぞれに明治の歴史に影響を与えることになった。その内容は当日のお楽しみとして、福田総理が東北出身の口下手党首との間にいかなる歴史を形作ろうとするのか、こればかりは同時代に生きる当事者の一人として、楽しんでばかりは居られないのである。

そもそも今回の企画立案と講師人選の段階で、私に課された課題は「言葉や話術の持つ力について」といった類のものだったと記憶しています。公開講座の副題の「言葉の笑・和・話術」はその名残です。

ところが蓋を開けてみるといつの間にやら「笑い力」が主題となっているではありませんか。おまけに副題は「言葉のワッハッハナスベ」と読むそうではありませんか。ワジュツでなくてハナス

郵便はがき

料金受取人払郵便

札幌支店
承認

1096

差出有効期間
H24年8月31日
まで

0 6 0 - 8 7 8 8

札幌市北区北九条西八丁目
北海道大学構内

北海道大学出版会 行

ご氏名（ふりがな）		年齢　歳	男・女
ご住所	〒		
ご職業	①会社員　②公務員　③教職員　④農林漁業 ⑤自営業　⑥自由業　⑦学生　⑧主婦　⑨無職 ⑩学校・団体・図書館施設　⑪その他（　　　）		
お買上書店名	市・町　　　書店		
ご購読新聞・雑誌名			

書　名

本書についてのご感想・ご意見

今後の企画についてのご意見

ご購入の動機

1 書店でみて　　2 新刊案内をみて　　3 友人知人の紹介

4 書評を読んで　　5 新聞広告をみて　　6 DMをみて

7 ホームページをみて　　8 その他（　　　　　　　　）

値段・装幀について

A 値段（安い　　普通　　高い）

B 装幀（良い　　普通　　良くない）

べです。もはや私の想像と理解をこえています。話術ということであればなんとかお話しできるだろうと引き受けて、明治の元勲たちの会話術を列挙してみようと考えた結果が右の文章でした。すぐにお分かりのように、元勲の話術は深刻な笑い力不足におちいっています。内容の変更、ひいては論題の変更が必要です。そのようなわけで、以下、「元勲達の話術」あらため「日本政治のマジメとワライ」について本当につたないお話をしたいと思います。

【補　記】

本公開講座は平成二〇年六月四日におこなわれた。予稿原稿はこの年の二月頃に書いたものと記憶する。よって、福田康夫内閣と衆参ねじれ国会を念頭に右の文章を書いた。この文章「日本政治のマジメとワライ」を書いているのは平成二一年二月末である。今となっては右の文章のすべてがおワライぐさとなってしまった。歴史学者として軽率な文章を書いたことを恥じ入らずにはいられない。何故といって筆者は、福田話術がなんらかの歴史的な結果を残すかもしれないとの期待を述べ、あまつさえ、小沢一郎民主党代表との大連立の可能性にまで言及するという軽挙に出ているからである。

周知のごとく、福田総理大臣は「あなたとは違うんです」との名文句を残して平成二〇年九月二四日に退陣してしまった。無味乾燥の話術から最も乖離した発言によって、福田総理は歴史に名を残すこととなった。後を襲った麻生太郎内閣は支持率の低迷にあえいでいる。大連立の可能性は与謝野馨財務大臣兼金融担当大臣兼経済財政政策担当大臣にかかっているように見えるのだが、氏が総理大臣まで兼任すると予想するのは妄動であろう。

二　ワライと縁遠い日本近代政治史研究

それでは気をとりなおして、「日本政治のマジメとワライ」の考察に入っていきたいところですが、ことは簡単ではありません。私が専門とする日本近代政治史研究はどうにもワライと縁遠い学問だからです。

そもそも学者はみんなマジメです。マジメ世界の住人です。一例を挙げましょう。学術論文には出典明記の習慣があります。著者名、書籍名、出版社名、出版年、参照した頁といった情報を逐一丁寧に記載しなければなりません。雑誌に掲載された論文を引用する場合にはもっとたくさんのことを書かなければなりません。こういった情報をきちんと管理するのは、マジメ人間でなければできない芸当です。

大学の講義はマジメな空気に包まれています。教師はマジメ空間の主宰者です。学生の側もそのことを承知していて、教師をマジメ世界の住人とみなしています。それでも九〇分間の講義をマジメな空気で満たしては息がつまります。そこで冗談をこころみることしばしばなのですが、私自身の笑い力不足をさしひいても、学生の反応はよくありません。おもいきって理由を問いただしたところ(つまり「先生の冗談はつまらないのか」という愚問を発した次第です)、学生の答えは「冗談を言ったのかどうか判断がつかなくて、笑っていいか分からなかった」というものでした。受講生諸君は私のことをマジメ人間とみなしているわけです――これは幸いです。冗談が過ぎると今度はどんなにマジメな話をしても「先生冗談ばっかり」と相手にされなくなるからです。学者はマジメであることが要求されているのです。

以上は学問一般に共通して言えることがらですが、日本近代史研究者はとりわけマジメであることを要求されている学問分野だと言えるでしょう。近代日本は何度もおおきな対外戦争を戦ってきました。とりわけ日中戦争・太平洋戦争の犠牲のおおきさは、今日に至っても侵略と加害、謝罪と反省の問題を私たちに残しているのです。不真面目な態度で論じてはならないわけです。だから研究者の態度も真剣さと誠実さに満ちたものでした。戦後の歴史学はワライとは縁遠い世界を形成してきました。つまり、あつかう問題の内容から見ても、問題をあつかう研究者の側から見ても、日本近代政治史研究はワライとは無縁の学問なのです。

これからお話しする内容は、ワライと無縁な日本近代政治史研究者の私が、日本政治（家）とワライについてマジメにお話しするという、失敗して当然の無謀なこころみということになります。

三　マジメの世界、ワライの世界

本題に入る前にふたつも言い訳をしてしまいました。でもこれから三つ目の言い訳をしなければならないことを心苦しく思います。と申しますのも、日本の政治はマジメの世界――言い換えればワライを封じた世界——でおこなわれるものである、というのが私の観るところだからです。くわえてそのことが政治家の笑い力に深刻な影響を与えていると考えているからです。

ことばの説明から始めましょう。本日の話題の都合上、私たちの社会生活をふたつの世界に区分してみます。マジメの世界とワライの世界です。

マジメの世界は、オオヤケ、ヨソ、他人様の前、といった和語で表現される世界です。現代のことばでは中央、上位、中心、公共の場、などがよいでしょう。私たちはこうした場所では行儀よくすることが求められます。身嗜みに注意し、言動を慎まなければなりません。素面であることは最低限の条件です。背筋をまっすぐ伸ばして、姿勢をたださねばなりません。隣の人と大声でしゃべってはいけません。そして、笑ってはいけません。これがマジメの世界で守るべき決まりです。こうした戒めは今ではすっかり崩れているようですが、電車の中で大音量で音楽を聴いている若者や、四半世紀前はうら若き乙女だったはずの方々が喫茶店の一角を占領してもりあがっているさまに出会《でくわ》すと、むっとした気分になるのはその名残です。

いっぽうワライの世界はワタクシ、ウチ、ナカマウチといった和語で表現される世界です。現代のことばであれば地方、下位、周辺、私的空間、などがよいでしょう。ここではくだけた雰囲気の中くつろぐことが求められます。仲間と一緒に酒をたしなみ会話を楽しみ、寝ころんだり歌ったり踊ったり、そしておおいにワラウ、こうしたことが許容される世界です。お笑い番組全盛の昨今ではワライの世界が日常を侵蝕することしきりなのですが、会社の宴会などでよく使われる無礼講ということばは、マジメの世界とワライの世界の境界線を明確にするものでした。これは印象論になりますが、かつてはワライの世界が出現する条件や場所・時間が今よりももっと制限されていたように思います。

この世界区分を政治の場に適用してみましょう。こうなります。マジメの世界には、政府、閣内、与党、主流、責任者、といったことばがあてはまります。ワライの世界には民間、閣外、野党、傍流、部外者、が適当でしょう。もちろんこれは厳密な科学的統計や分析結果に基づくものではなく便宜的な分類です。それでも日頃、私たちは、政府には常にマジメであってほしいと願うのに、民間にはそれを求めません。閣僚には常にマジメな答弁を期待するのに野党にはそれを要求しません。不マジメな責任者を見ると不愉快な気分になりますが、部外者にマジメにやれと強要する気にはなれません。こうした生活感覚に従えば当たらずとも遠からず、といったところではないでしょうか。

最後にこの分類で議論を進めていくにあたって注意したいことがあります。この分類は融通無碍なものだということです。例えば政府与党と野党を対比した場合には前者がマジメの世界、後者がワライの世界に属していてもよいのですが、政治家と国民というくくりになると与党野党合わせてすべてマジメの世界の住人として国民の前に登場することが要求されます。つまり、マジメの世界とワライの世界の境界線は時と処によって変化するということです。

四　日本政治（家）のマジメ――ワライを封じた世界

ここまでの議論でおおよその見当がついたと思います。つまり、日本の政治は本来マジメの世界で展開されているものであり、ワライを封じた世界でおこなわれる営みだということです。

くわえて日本政治の特質がよりいっそうマジメの世界の営みであることを強制します。日本政治の特質は、参加者・構成員全員の利害を調整するハナシアイにあります。ハナシアイは話合と漢字をあてれば民主主義です。本来、日本の民主主義は、今日おこなわれているような、小選挙区制と二大政党制による多数決型の民主主義ではありませんでした。かつての日本政治は、中選挙区制によって少数派でも議席を確保することができる政治でした。自民党が優位をたもっていましたが、社会党をはじめとする野党が合わせて三分の一の勢力を占めていたために、議会運営ひとつとっても日程調整や議事進行の順序について野党の合意を得てからでなければ何事も進まない政治でした。そのかぎりにおいて、日本政治は現代の政治学で言うところの調整型民主主義、少数意見尊重型の民主主義であったと言えるでしょう――もちろん野党支持者の皆さんはこうした見解には賛同されないでしょうが――。また、ハナシアイは談合と漢字をあてれば犯罪ですが、ハナシアイの目的を利害調整にありと見るならば、集団構成員に利益を均霑させるわけですから話合と出発点は遠くないことになります。

こうしたハナシアイの政治において政治家に必要な資質は何でしょうか。利害の調整はいっぽうの当事者に偏ってはいけません。構成員全員が納得するものでなければなりません。納得を得るには全員を満足させる必要があります。少なくとも損をした人が我慢できなければなりません。ハナシアイは利害調整の場でおこなわれます。利害がからむのですから、皆真剣です。マジメです。ハナシアイはマジメにおこなうものです。ここで調整役である為政者が不マジメであれば調整結果の権威に傷がつきます。米国の政治学者イーストンは、政治とは価値の権威的配分である、と定義しています。権威を伴わない決定など意味をなしません。権威をたもつために、為政者はマジメでなければならないのです。

そうしたわけで日本の政治家はマジメでなければ、つとまりません。私利私欲をむさぼる、権力をもてあそぶ、酒色にふける、といったことばが為政者失格の常套句であることから分かるように、謹厳実直・清廉潔白が尊ばれるのです。公正無私、不偏不党が大切です。そのような人でなければ利害調整を任せられないからです。為政者に要求される資質は第一にマジメさであって、演説の巧みさではありません。話術ではなく、傾聴による和術がなにより必要なのです。

明治の元勲を例に挙げて説明しましょう。対照的な人物、伊藤博文と山縣有朋を取り上げます。伊藤博文は話し好きで知られていました。ところが伊藤の話術には次のような欠点があったそうです。

伊藤は有名なる弁舌家なり。其演説の如きは立論の正確なる所、声音の流暢なる所、而も体度〔態度〕の端正なる所、真に当今の好演説家たるに愧ぢず。又侯は頗る談話を好み、其来客に接するや、数時間亹々談じ続けて倦まず。併し彼の談話の癖は、第一に其談話が講釈様なる所多く、**他人をして自己に聴かしむるを好み他人をして何等発言するの機会を有せしめず。**故に或者は其の卓論に感服し多少の利益を獲たりと思ふ者も多かるべけれども、間々其長談を聞くに倦む者なきに非ず。**特に彼は屢々自家既往の経歴を談ずる癖あり。**凡そ彼の邸へ出入する多くの人々の中には、必ず彼が少年の時英国に遊学し居る間に各国軍艦が下関を砲撃せむとするを聞き、俄に其旧友井上〔馨〕伯を同伴して帰国し、尋で馬関戦争の講話談判に従事したる等の談話は恐らくは四五回も聴聞したるならん。

（陸奥宗光「諸元老談話の習癖」『伯爵陸奥宗光遺稿』岩波書店、昭和四年、六〇九頁。ゴチック体川口）

一方的に話す、それも長くて自慢話ばかりとなれば、うんざりすること間違いありません。伊藤は人の話を聞かないだけでなく、相手が誰であろうと構わなかったと見えます。だから同じ話を何度しても気にしないのです。これは相手を軽んじている証拠です。話を聞かされる方も、この人は自慢話ができるなら相手は誰でもよかったのだな、と気づきます。自分のことを軽んずる人間に従う人はまれです。伊藤はこの話術がわざわいして派閥を作ることができませんでした。

いっぽう、山縣有朋は訪問客の話に耳を傾けることで信望を得て、やがては山縣閥と言われる一大勢力を作り上げます。秘書をつとめていた入江貫一の回想録を紹介します。

〔山縣公は〕人の談話を聞く事には実に妙を得て居られた。随分冗長な談話でも、込み入つた談話でも、其の要領を握んで必要な部分は明確に之を心に記憶する事を誤まらない。政治問題に付、各方面の人々が来て各種の談をしても、後日何某は何々の事と何々の事、何某は何と何と云ふ具合に精確に要領を談られる。〔略〕人の談話を聞く間に重要なる事と然らざる事とを分別して、必要な事は心に牢記するの用意を常に持つて居られる事を私は非常に感服した事がある。〔略〕或人が政治上の情報を齎らして、三時間余長々と報告した事が有る。私も列座して聞いてゐたが、其の人の云ふ所は総て〔山縣〕公の既に知悉して居られる事柄ばかりであるので、側で聞いてゐる私も飽き飽きしたが、公は談の尽きるまでフンフン、、、と云つて聞いて居られた。後で私は公に向つて、多忙を極められる最中、能く忍耐して長談義を聞かれました、定めて御疲れでしたらうと、申したら、公は何にも聞いてゐなかつた、只時々合槌を打つばかりであるから、少しも疲れぬと云はれた事がある。談話者は政治上可なり有力な地位の人でもあるし情報を齎した好意に対しても、終始聴聞を拒まなかつた公は誠に聞き上手だと私は感心した事であつた。

（入江貫一『山縣公のおもかげ』博文館、大正一一年、四一－四三頁）

つまらない話であっても相手の面目を考えて聞いているふりをする、このことがどんなに難しいか、私は学生諸君の相談を聞く立場になってよく分かるようになりました。ですから山縣の偉さが分かります。ひたすら傾聴と敬重の姿勢を取ることで、山縣は人々から信頼を得ました。自然と人々は山縣のもとに集いました。人間というものは単純で、自分の話を聞いてくれる人のもとに集まるのです。

聞き上手の山縣はある意味で口下手な政治家でした。

山縣は一見寡言沈黙の人の如くなれども、彼も決して談話を好まざるに非ず。然れども、彼は最も謹慎厳固として、其の発言するや一言一句も他日の累を招くが如きものなからんことを務め、殊に、苟も自家の品位風采を傷くる様なる言語を遺すことを避くるに汲々たるが故に、其談話は兎角乾燥にして往々其意を悉す能はず。聴者をして其言語の一半を聞き他の一半は自ら推量せざるを得ざるが如き感を抱かしめ、談話の後子細に彼の言ふ所を玩味すれば其趣旨の不明瞭なるが如き遺憾を感ぜしむることあり。要するに彼も亦、井上〔馨〕と同く談話好きの人なれども談話に巧みならず。

（陸奥宗光「諸元老談話の習癖」『伯爵陸奥宗光遺稿』岩波書店、昭和四年、六〇九頁。句読点川口）

こうした話術は、面白みはまったくありませんが堅実です。マジメの世界で要求される資質を山縣はそなえていたと言えるでしょう。山縣は二度内閣を担当して、いずれも議会運営を巧みにおこない、衆議院を解散させることなく、所期の目的どおり予算と関連法案を成立させています。

この事実は、伊藤博文の議会・内閣運営とあざやかな対照をなしています。伊藤は四度総理大臣に就任しましたが、しばしば議会運営にいきづまり、詔勅(和協の詔勅)を利用したり、衆議院の懲罰解散をおこなうなど、さんざんの結果でした。自己の才覚への過信がわざわいして、相手の話を聞かない伊藤です。交渉能力以前の問題です。話術に長じた伊藤は和術の欠如に苦しんだのです。

話術よりも和術を珍重しマジメなハナシアイをよしとするこうした条件は、為政者が聴衆を笑わせる政治文化が育ちにくい環境を作ります。この環境はいっぽうでは政治家自身の笑術の貧困を生みます。他方では為政者の冗談を、部外者(閣外、非主流派、野党、報道機関、評論家、国民大衆……)が失言として受けとる風土を醸成します。

つまり日本では、「ワライの絶えない家庭」を敬重するいっぽうで、「ワライの絶えた政治」をよしとしてきたのです。

五　日本政治(家)とワライ——ワライの偏在

ここまで、日本政治がいかにワライと無縁であるかを述べてきました。笑い力不足の深刻なこと、お分かりいただけたかと思います。それでも本日のお題は「笑い力」なのでありまして、少しでもワライについて触れなくてはなりません。そこで以下のお話しはワライを封じられた日本政治におけるワライという窮屈な問題についていくつかの断片を拾い上げて考えます。

断片その一　大衆社会とワライの世界

日本政治はマジメの世界で展開されると申しました。こちらの世界ではマジメに振舞うことが大切で、失敗すると「威厳のないヒト」「軽率なヒト」となります。政治家として失格します。ところが、大衆社会のもとにあっては、現代の政治家はワライの世界にも適宜かよって、マジメとワライを使い分ける必要があります。ここでマジメの世界を中央、中心の出来事に分類し、ワライの世界を地方、周辺のそれとしたことの意味が生きてきます。普通選挙制を採用した現代の日本では、政治家は東京(中央、中心)と選挙区(地方、周辺)を往復しなければなりません。金帰火来と言われる行動です。選挙区に戻った政治家は地盤を維持するために支持者の集会に顔を出し、中央政界の動静をマジメに説明するだけでなく、時には祭りに参加し、餅をつき、歌を披露し、一緒にワラウ必要がある。ワライを振りまく役を演ずる必要がある。一緒にワラウことでナカマであることを確認するのです。これができないと「シタシミのないヒト」「偉そうなヒト」となって、次の選挙戦が不利に傾きます。政治の大衆化が日本の政治家に笑い力の増強を要請しているのです。遠くは青島ノック現象、近くは東国原旋風があって、いずれもワライの本職がマジメの世界に移住したことによって起こった現象です。

断片その二　笑う部外者と笑われる為政者

ワライの世界はナカマウチの世界です。下の者が上の者を笑うことによる、鬱憤晴らしを共有することがナカマの証となります。ここでは為政者はワライの種に供されます。ナカマであることの確認に主眼があるのですから、事実無根であっても構いません。下品な話題でもよいのです。むしろその方がよい場合もあります。嘲笑、冷笑、とにかくふんぞり返った為政者を虚仮《こけ》にすることで一時の解放感を満喫するのです。

またしても伊藤博文なのですが、笑われる為政者の例として挙げましょう。

それにしても、伊藤の遊蕩生活はその生前世間で甚だ有名であり、その素行・行状はつねに世人のとかくの批評を招いていた。明治四二年彼が暗殺され、ついで国葬に付する旨の御沙汰が発せられると、文部省は全国諸学校に通達して、国葬の当日には伊藤公を題材として適宜の修身講話を行って弔意を表するよう指令した。『東京朝日新聞』には、このことについて次のような記事がでている。それによると、文部省のこの通牒に接した諸学校では教員たちは急いで伊藤公の伝記や新聞を集めて訓話の材料をとりそろえようとしている、しかし、伊藤公はなにぶん生前に「東洋豪傑に有り勝ちの欠点」もそなえており、そのことは青年・生徒たちもよく知っているので、伊藤公のことをいかにして修身の題材に仕上げるかについて苦心している由である、記者は某中学校教員、某小学校教員に会って、その苦心談をきいたが、(略)ある高等女学校で校長が、伊藤公はわが婦人界の恩人であると述べたところ、生徒たちは袖を引き合い、ついに一斉に笑い出したので、校長は壇上に立往生したとのことである、このような次第なので、伊藤公について訓話をするのには「覚悟」が要る、元来修身の題材というものは適当な条件が備わったものでなければならない、伊藤公は「其条件の重なる部分」について欠けたところがある、大政治家が直ちに修身の資料になり得ないことは、文部省も知っているはずである、今回の通牒は乱暴きわまるものである、……

（岡義武「初代首相・伊藤博文」『近代日本の政治家』岩波書店、同時代ライブラリー一五、平成二年、四五―四六頁）

為政者をワラウ行為は庶民の味方としての立場を示すためのそれでもあります。ふるくは大隈重信、近年ではミッチー・ハマコー・田中マキコさん・ローゼン麻生、いずれも時の政権に対して傍流、非主流派の立場から、放談（時には失言）して国民の人気を博してきました。

また、これまた印象論で恐縮ですが、明治の政界で主役の長州に対して脇役になってしまった薩摩の政治家（西郷従道や松方正義）にはワライに満ちた逸話が多いのです。また陸軍で傍流に追いやられた石原莞爾の伝記もワライに満ちています。主流派になった東條英機にはマジメな挿話ばかりが残されているのと対照的です。陸軍軍人の伝記に比較して海軍軍人（鈴木貫太郎、岡田啓介）のそれもワライに満ちています。これはうがった見方かもしれませんが、石原や海軍軍人はワラウことで先の戦争の当事者ではなく、傍観者にすぎなかったのだと印象づけようとしているのかもしれません。またまた印象論ですが、戦前の昭和天皇は完全無欠のマジメな人物として国民の前にあらわれました。戦後の昭和天皇は「あっそう」とほほえむ人物として国民の前にあらわれました。その ことの意味についてこれ以上の印象論を重ねるのはやめておきましょう。議論がぼやけて参ります。

戦後の言論機関の多くは自民党の政治家をワラウことで自分の良心を示そうとしてきたように見えます。次に示すような話題は、現代ならば、古舘伊知郎氏が最も好むところではないでしょうか。

鈴木〔善幸〕首相につけられたあだ名の一つに「テープレコーダー」というのがある。どうしても出席しなければならない会合があると、それに先立ち、用意した答えをまちがいなく言えるよう、官僚の指導の下に丸暗記したからだ。（略）

〝記者会見〟のやま場は、最後の場面だった。ドイツ人の記者がごくていねいな言葉づかいで、首相にこうたずねると場内に静かな賛同のどよめきが起こった。今日のこの記者会見は自然な質疑応答らしく見せかけてはいるが、その実、事前にお膳立てされたものである。集まった約五〇人のヨーロッパの新聞・テレビ記者は、各々質問できると思って来た。このことを首相はご存じであろうか。訪欧の目的は相互理解を深めるためなのに残念だと思わないか。質問の通訳は完璧だったが、首相は、その記者が外務省に前もって提出させられたもとの質問に答えたのだった。

（k・v・ウォルフレン『日本／権力構造の謎〔上〕』早川書房、平成二年、二六一―二六二頁）

【補　記】

本稿においては政治家に関する様々な笑い話の多くを割愛した。ただでさえ不足していた笑い力はそれこそ払底したわけである。これにはふたつの理由がある。

第一に、研究者の最低限の倫理として、研究対象には真摯に向き合うべきであって、最後に言及した例のように自己を部外者の位置に置いて政治家を嘲笑するのは適切でないと考えたからである。くわえて歴史研究者はたいていの場合、結果を知悉したうえで研究に臨んでいる。政治家たちはそうではない。立場の優劣ははじめから明白である。有利な立場から相手を見下してワラウのはどうも釈然としない。

第二に、紹介した挿話を凌駕する事例が生じたことが挙げられる。黒田清隆をはじめとして酒で失敗した政治家は数多い。また公共の場で困ったことをしでかした事例もないわけではない。だがこれらはいずれも昔の政治家の話として紹介したもので、当然この後には、昨今の政治家は行儀よくなった反面こぢんまりした方ばかりですな、というおきまりの嘆息をつけくわえたのである。ところが、彼の一件はまさしく平成二〇年の現在において起こったことであって、議論の一切が吹き飛んでしまった。

以上の理由で本稿は結論を見出せないままに擱筆せざるをえないこととなった。将来のことに言及するのは慎みたいところではあるが、この本が出版されるときに小沢一郎氏が民主党代表を退いていたとしたら、最初の補記を書き直さなければならないだろう。

【補記の補記】

右のように書いたが、今日（平成二三年二月）までの変化が大きすぎて、書き直しようがない。すべてもとのままとする。

【参考文献】

京極純一『日本人と政治』(東京大学出版会、昭和六十一年)。

本稿の立論の多くは右に依拠している。というより本稿は右の亜流で、このことが一番ワラウべき処なのである。

第四話　人並になったペットとペット並になった人

櫻井義秀

一　はじめに

ええ、ようこそのお運びでありがたく御礼申し上げます。

このあいだ、大学の廊下を歩いていましたら、壁に「里親募集」という掲示が貼ってございました。いやァー、昨今の大学では社会貢献なんてェことが口やかましく言われておりましてね。「大学で本読んでいるだけじゃあダメだ。外出て行って世の中の役に立つようなネタを探して来いィ」とか上の方から言われます。なんかないかなァーと札幌の街の中うろついたりしております。どう見ても不審者でして、そんなことするくらいなら研究室にお籠もりしている方がいいんじゃないかとも思うんですが、ご時世なんです。

で、その「里親募集」を見たときに、自分の子供を育てるだけでもたいへんなのによそ様の子供を引き取って育てるなんて私にはできない、そこまで善人にはなれない、勘弁してもらおう、なんて考えたところ、その掲示には写真がついていました。可愛い猫が写っているんですよ。猫の仔の里親なんです。私は、里親っていうもんだから、てっきり人の子かと思ったんですが。学生が作ったポスターでした。

その仔猫を預かると里親になります。ということは、実の親、その仔猫を育てるべき実の親が別にいていつか返さなきゃいけないのかな、と思うのですが、もらってくださいと書いてある。まあ、親猫が人間に向かって「訳あって五匹も育てられないから不憫だけれども里子に出してくれ」と頼んだのかどうか承知しておりませんが、どうにも不思議な言い回しです。昔なら、「飼い主求む」と書いてあって、捨てるんならもらおうかと読む方もすぐ分かったものです。

よく、公園で犬を散歩させている妙齢のご婦人たちが「ウチの子がいたずらして困るんですよ」「男の子だから仕方ないわよねェ」なんて会話を早朝なさっています。実は私の家の前が公園になっていますので、年に何回かですが家の前を掃除なんかするときに人間観察をしているわけです。お母さんたちが幼児を連れて公園に出かけてくるのは朝の九時過ぎからです。だから、早朝の会話は孫の話かなと思ったのですが、どうも自分の子供らしい。

ヘェー、あのお年でぼくチャンが。人間灰になるまでやっぱり男と女なんだねとか感心していると、「よかったらこの子たち結婚させませんか」なんて親同士でずいぶんと強引な結婚話をしている。今時、親の話で縁談がまとまるわけがない、そんな簡単にまとまったら日本は少子高齢化してないよ、なんて反論してみたくなるのですが、よそ様のことに口を挟むなんて無粋なことをやっちゃァいけない。そんなこと考えているうちに、どうやらご婦人方は自分たちの犬の話をしているんだとだんだんに分かってきました。

皆様、お気づきでしたか。今日び、犬、猫には擬人法が使われております。犬畜生なんて言い方は廃れました。もはや、犬猫は愛玩動物（ペット）の域をこえて、家族の一員（コンパニオン・アニマル）なんです。犬死になんて言葉も誰も使っちゃァいない。これからお話ししますが、犬の方が人より惜しまれて亡くなる時代です。

今日、お話ししますのは、二つの小話です。一つは人間の死というものが地味になってきている。もう一つの話が伴侶動物の話、特にペット供養の静かな広がりです。私にはどうにもこの二つの話がつながっているように思えます。この話のどこで笑えるんだと気の短いお方は怪訝に思われるかもしれません。死というのはどう話してみてもふつうに面白くはない。アハハ、オホホと笑えるような話題ではありません。でも、ちょっと可笑《おか》しいんですよ。ですから、最後までおつきあいのほどをよろしくお願いします。

二　葬儀の移り変わり

歌手の秋川雅史さんが紅白歌合戦で「千の風になって」を歌ったのは二〇〇六年の暮れです。二〇〇七年のオリコントップ、シングルCDレコードで一〇〇万枚を売り上げました。秋川さんの前にも盲目のテノール歌手の新垣勉さん、宝塚歌劇団の綾乃ひびきさんが歌っています。本来は悲しい詩なんですが、秋川さんが朗々と歌いあげると悲しくなくなるというか、元気が出てきますね。ちょっと、一緒に歌ってみましょうか。どうです。元気になりました？　一番だけ念のために歌詞を出させてもらいます。

私のお墓の前で　泣かないでください
そこに私はいません　眠ってなんかいません
千の風に
千の風になって
あの大きな空を
吹きわたっています

出典）新井満『千の風になって』講談社，2003年

原詩は、Do not stand at my grave and weep、私の墓の前で泣くのはやめてくださいというタイトルです。母親を亡くしてもお国の事情で帰国できなかったドイツ系ユダヤ人の友人を慰めるために、ある女性が一九三〇年代頃に書いたものだそうです。亡くなった方への哀悼を表現し、遺族を癒すためにいろいろな場所で朗読されたり、様々な曲がつけられたりしてきたそうです。新井満さんの訳詩や作曲もそのバージョンの一つです。

私はこの歌を最初に聴いたときにいい詩だなと思いましたが、同時に寂

しさも感じました。一つの場所にいない。どこにでもいるし、いつでも会える。そこだけ聞けば、いい感じもしますが、安住の場所がなく、風のように吹きわたるというのはやはり寂しいですね。もう一つ、俗な発想になりますが、墓苑業を営む方々は困るだろうなとも思ったものです。お墓にいないとなれば、墓を建てる必要はありません。どこででも慰霊は可能です。

実はその方が、故人にとっても遺族にとっても都合のいい面はあります。先祖代々の墓を守る由緒のある家の方はともかく、私もそうですが田舎で生まれ育ち、進学や就職で都市に出てきた者は、親の墓があるからといって自分の墓所を生まれ故郷に求めることはないでしょう。その墓に入れてもらえるにしても、その後、子供たちに彼岸や盆に墓参りを期待できません。都市に墓所を求めても、子供たちは別の場所で暮らすかもしれません。

北海道でも盆に墓参りに行くような墓所では、三代くらいにわたって先祖が眠っています。皆さんずっとそこで暮らしてきたのかというとそうではなく、北海道内で開拓農家や炭坑労働者を経験して、だんだんと都市部に移ってきて様々な仕事を経てようやく公営墓地に墓を建てたという一家も少なくありません。しかし、昨今の経済事情を考えると、その次の代の子供たちがこれからもずっと北海道で暮らし続けられるでしょうか。

本州では長男が家と墓を守るという規範が非常に強いですね。外へ出てもよいのは、次三男と娘だけなんていう時代は二昔前のことです。五〇歳を目前にした私自身が長男でありながら故郷を離れておりますし、私の子供が将来札幌にいることはないでしょう。そうすると、墓参の便を考えて

表4-1　様々な供養法

散骨	海上散骨10万円　クルーズ付　宇宙葬　100万円　打ち上げ式典付
樹木葬	桜葬墓苑　1区画1人20万円　等
合葬	永代供養墳墓　骨仏　一心寺
手元供養	分骨を宝飾品に　インテリア仏具
直葬	

都市近郊に墓を建てるなんて発想は実に非現実的なものです。

家と墓を持つというのは長い間日本人があたりまえとしてきたことですが、もう時代は変わりました。人が一生の間に移動を繰り返すようになり、少子化で長男長女同士の結婚が増え、墓守をする人がいなくなる。だから、墓を建てない人が増えてきています。ましてや、家の宗旨に従って最寄りの寺院の檀家になる人など皆無に近いでしょう。寺院と永いおつきあいができないからです。では、どういう供養の仕方が出てきているのか。

墓苑や納骨堂に納めるのではないやり方としては、次のような供養法があります。

散骨というのは、文字どおり、故人や遺族ゆかりの山や海に遺灰を撒くことです。山と言っても里山では風で遺灰が田畑に飛んでくるということがあります。たいした肥料にはなりません。海でも漁労されている近くでは魚が遺灰を飲み込んだりするかもしれませんね。人はそういうお米やお魚は食べたがらないものです。だから、どこにでも骨粉を撒いてよいということはありません。役所の許可が要ります。一九九一年に設立されたNPO法人「葬送の自由を進める会」ではこれまで一三〇〇回余りの散骨を行い、会員は一万二〇〇〇人もおられるとのことです。宇宙葬という酔狂な散骨をなされる方もおられまして、

NASAのスペースセンターから打ち上げるロケットに遺骨カプセル(一人分七グラム)を積んでもらい、文字どおり宇宙の塵になってもらうという趣向です。散骨は墓を持たない人向けですが、お墓に埋葬した他に散骨をされてももちろん構いません。

墓を持つことにはこだわるものの、墓苑の造成や石の切り出しで自然環境を破壊したくないという人向けには樹木葬があります。これは墓石の代わりに樹木を植えるもので、岩手県の知勝院が一九九九年から始めています。桜の咲く時期に墓参かたがた、故人と遺族が花見をするというわけです。私は名字が櫻井でして、この趣向は悪くないと思います。

今までお話ししたものは、死んだあとに遺族の手を煩わすことができる方向けです。ところが、子供のない方や、あまり子供には面倒をかけたくないという方もおられます。『おひとり様の老後』という本が話題になっているらしいのですが、「おひとり様の最期」という本も早晩出るかと思われます。葬儀・墓をどうするのかという問題ですね。

葬儀・墓については、あらかじめ支払いを済ませて永代供養をお願いしておくということが可能です。しかし、これでは知り合いが誰もお参りしてくれない、寂しいという人もいるでしょう。新潟県の妙光寺では安穏廟という合葬墓を設けており、八五万円の費用に年会費数千円で小川英爾上人様(日蓮宗のお寺)が供養をしてくれます。しかも、年に一回安穏フェスティバルという回向のイベントをやっておりまして、遺族の方の参拝、これからお世話になる人たちが交流しあいます。これなら、身寄りのない方でも誰かしら知った方からお参りされていくことになりますし、檀家という形式を取りませんので寺院補修や諸経費のために冥加金徴収ということもなく、死ぬまでも死んでからも憂いなく安穏とできるわけです。

実は私の家の宗旨が日蓮宗でして、小川上人様とは年に一回霊山の登拝を一緒にさせていただいておりますので、いざとなったら安穏させてもらおうかとも考えているのですが、安穏廟はすでに満杯で、新たに杜の安穏という永代供養廟を三〇基も造成した盛況ぶりだそうです。早めに連絡しておかないとダメかなあというところです。ちなみにこの方は大学院で宗教社会学を学ばれ、それから仏門に入られたということで世の中の流れが見えています。私が宗教社会学を教えているから言うわけじゃありませんが、実に学んで甲斐のある学問じゃァありませんか。よろしかったら皆様もどうですか、なんて商売気を出しちゃあいけませんね。「国家の品格」「女性の品格」、ついでに「学問の品格」も大事です。

話を元に戻しまして、手元供養。これは遺族の方の思いがある場合の話です。骨壺をそのまま自宅に安置されたり、インテリア風の祭壇に置いたり、中には遺骨の一部を樹脂で固めてペンダントにしたりされる方もおられるとか。古い話で恐縮ですが、城卓也さんの「骨まで〜、骨まで、骨まで愛して欲しいィのよ〜」をそのまま実践されている方です。この詩の場合、女性なんですが、そこまで恋人や配偶者に思われれば本望でしょうね。しかし、世の中再婚される方も多いわけでして、そういう可能性のある方は別の供養の仕方をお勧めいたします。

最期に、いえ、最後に直葬です。これは葬儀をしない。墓も建てない。病院から火葬場へ直行です。中には遺骨を引き取られない遺族もいらっしゃるようで、適当に処分してくださいということだそうです。生前どういう生き方をされてきた方なのか考えてしまいますが、こんな話を聞くと葬儀代と墓代くらいは残して死ぬから安心しろと親が言ってくれる気遣いに感謝します。そのくらいは葬儀の香典で出るから安心だと思っている方もいらっしゃるかもしれませんが、在職中に亡くなるか、ご家族の方がよほど幅広い交際をされているのでもないかぎり、葬儀一式に二〇〇万円、墓所にさらに二〇〇万円というのが全国的な相場です。戒名もこだわれば数百万円、墓石も高級になれば数百万円、さらに霊感商法にでも関係すればさらに数百万円と、かければきりのない世界が葬儀・墓でございます。

考えてみますと、自分らしく生きたい、自分らしく逝きたい、さらには、自分らしく死後はかくありたい、なんて思うのが現代人なのに、死の前後に突然葬儀社やお寺さんが入ってきて伝統や慣習をあァだこうだ言ってくる。そのうえ、葬儀というのは故人や遺族の人間関係・社会関係を確認する場所ですから、やる以上世間体を気にしないわけにはいかない。弔電だって議員のものが先に読まれたりします。しかし、総じて世の流れはあっさり、ひっそりです。家族葬、密葬も多くなりました。もう、いろんなことに煩わされたくない、ほっといてくれ、そういう死者が増えてくるものですから、これだけの少子高齢社会になって死ぬ人が毎年増える時代になっているにもかかわらず、葬儀・法要を一手に引き受けてきたお寺さんが、不況・後継者不足で悩んでいるというのです。そこらへんは業界で努力してもらうことにして、現代とこれからの日本社会は、最後を託す相手、死後の祀り手がいない時代に入っていくというようなことだけを確認しておきましょう。

三　ペットロス症候群とペット供養の未来

焼かれて終わりの人間が増えていく一方で、死後も手厚い供養を受ける犬猫が増えていく時代です。徳川家五代将軍綱吉の時代ではございませんよ。以前、NHKで愛犬の病気を治療するために子供の学資保険を解約して手術・入院費用を捻出したご家庭のニュースを見たことがあります。確かに、犬猫といえどもケガもすれば病気にもなります。「国犬健康保険」なるものはありませんので動物病院は自由診療です。医者にかかって栄養がいいものを食べていれば、天寿を全うして人生ならぬ犬生や猫生の晩年には介護が必要なものも出てくるでしょう。まさに家族一人分の生活費が増えるわけです。ですから、家族同然のペットの命を救うべく、他の家族に我慢をお願いすることもあるのでしょう。

ペットの中には医者にかかることができるだけではなく、老後は老犬ホームにて余生を過ごすものも出てきました。長寿化の副産物として痴呆、要介護の症状を持つ犬が少なくないのです。これまた「特別養護老犬ホーム」などはありませんので、民間業者に委ねるしかないのですが、生涯の預かり代金として百数十万円から四〇〇万円ほどかかるようです。これは医療費を含んでおりませんので、獣医師の加療が必要なときはその都度飼い主と相談されるようです。老いぬ様とでも申せましょう。

ここまで家族に心配された犬はペット冥利につきるわけですが、その一方で移り気な飼い主から引っ越す際に捨てられたり、飼い主に先立たれて遺族によって保健所に運ばれ殺処分されたりするペットの数は二〇〇六年で約三五万匹にのぼります。この数は、同年のペット飼育数の一・四パーセントにすぎませんが、ペットは運命を自分では選択できません。

二〇〇八年現在、日本では、犬は一三一〇万一千匹、猫は一三七八万八千匹飼われておりますので（ペットフード工業会調べ）。どちらも、一〇人に一人の割合で飼っており、ペット販売、ペットフード、ペット用品等関連産業含めて、年間一兆円規模の市場です。ここまでペットが増えてきたのはなぜなのかを考えるだけでも面白そうなテーマです。子供は一般にペットを欲しがるものですが、現代において主要な飼い主は子育てを終えた中高年の方々です。ペットは、四十代以上の人々が三十代以下の人々の二倍以上飼育しており、犬・猫ともに年間五〇万匹ずつ増えていっております。

子供が進学・就職で家を出ていったあとの家族では、愛情を注ぐ相手や世話する相手がいなくなったことによる喪失感を親は持ちやすいと言われております。とりわけ、母親がそうらしい。夫は単身赴任であったり、仮に残っていたりしてももはや愛情を注ぐような相手ではなく、なにより可愛げがありません。そこへ愛らしい仔犬、仔猫が来たならば、溺愛されることは必定です。実際、ペット専門店で販売されている犬は室内犬がほとんどでして、成犬でも猫くらいの大きさで散歩に出す必要もないような犬もおります。

表4-2　北海道動物霊園　火葬料金(2007年)

合同火葬
《犬》10500円〜27300円　※重さによって変動あり
《猫・兎》7350円
《プレリードッグ・モルモットなど》5250円
《小鳥・ハムスターなど》3150円
個別火葬
《犬》18900円〜35700円　※重さによって変動あり
《猫・兎》18900円
《プレリードッグ・モルモットなど》15750円
個別火葬には位牌・骨箱含む

二度目の子育てを心ゆくまで楽しんでおられる方が多いのですが、犬・猫の寿命は十数年です。別れは来ます。

実は私も子供の時分に犬を飼っておりまして「チロ」と名付けておりました。飼い犬を保健所に連れていかれた怨恨のために厚生労働省元次官夫妻を襲ったと自供した四十代の男が飼っていた犬の名前と同じですが、この時代それなりにあった名前です。チビとシロを足して割っただけの話でして、私の犬はブチでスピッツの雑種でした。三、四年飼いましたが、私が小学校六年の冬に犬小屋の前で死んでおりました。前日にエサ(残飯)を食べなかったのでどうかしたのかなと思っていたところでしたが、それっきりです。悲しさのあまり涙が出ましたが、仕方がないと諦め、庭を掘ってそのまま埋めました。

当時、ペット(という言い方もしませんでしたが)を獣医師に診せにいくという発想はなかったし、ましてや葬儀、供養を思い至るという人はほとんどいませんでした。しかし、今では小鳥やハムスターでもなければ、死んだらそのまま庭に埋めて終わりという人こそいなくなったのではないでしょうか。

現在は、ペットが死んだ場合、動物専門の葬祭業者を探し出し、火葬の後埋葬の手配をします。

業者によっては火葬場まで行けない人（高齢の方など）のために火葬の出張サービスを行うところもあります。人の場合、火葬料金は大人と子供の区別しかありませんが、犬などは大型犬と室内犬では同じ犬とは思えないほど大きさが異なりますので、火葬にかかる燃料代も異なります。北海道動物霊園では、火葬後に遺骨を骨箱に納めて位牌もつけて渡してくれます。

表4-3　北海道動物霊園　埋葬料金（2007年）

○納骨堂
《小型サイズ》 8400円
《中型サイズ》12600円
《大型サイズ》18900円
《仏壇》21000円～36750円
1年あたりの利用料
お預かり保証金として使用申し込み時に5250円
○永代埋葬
萬霊塔（小鳥・兎） 10500円
萬霊塔（犬・猫） 15750円
合同合祀所 5250円
愛犬・愛猫の碑 8400円
観音像 31500円
塔婆 3150円

遺骨の処遇ですが、納骨堂に納めるか、墓所に埋葬のいずれかのようです。かつてのペットの葬儀やペット霊園は、それなりの費用も嵩むし、なによりそこまでするのかという意識が一般的だったので、一部の奇特な人たちの御用達といったものでした。しかし、北海道でもペット葬祭はふつうになっており、その先進地域である東京都内では、もはやペット葬祭業は人相手の葬祭業と変わることがないし、本格的なものです。都内の某ペット霊園の写真を数枚掲載しておきます。卒塔婆の書き方、納骨堂の様子、ペット安住の地と言えます。これほどまでにペット葬祭が盛んになってきたのは、ペットを亡くした痛みが人を亡くした痛みとほとんど同じものになってきたからでしょう。

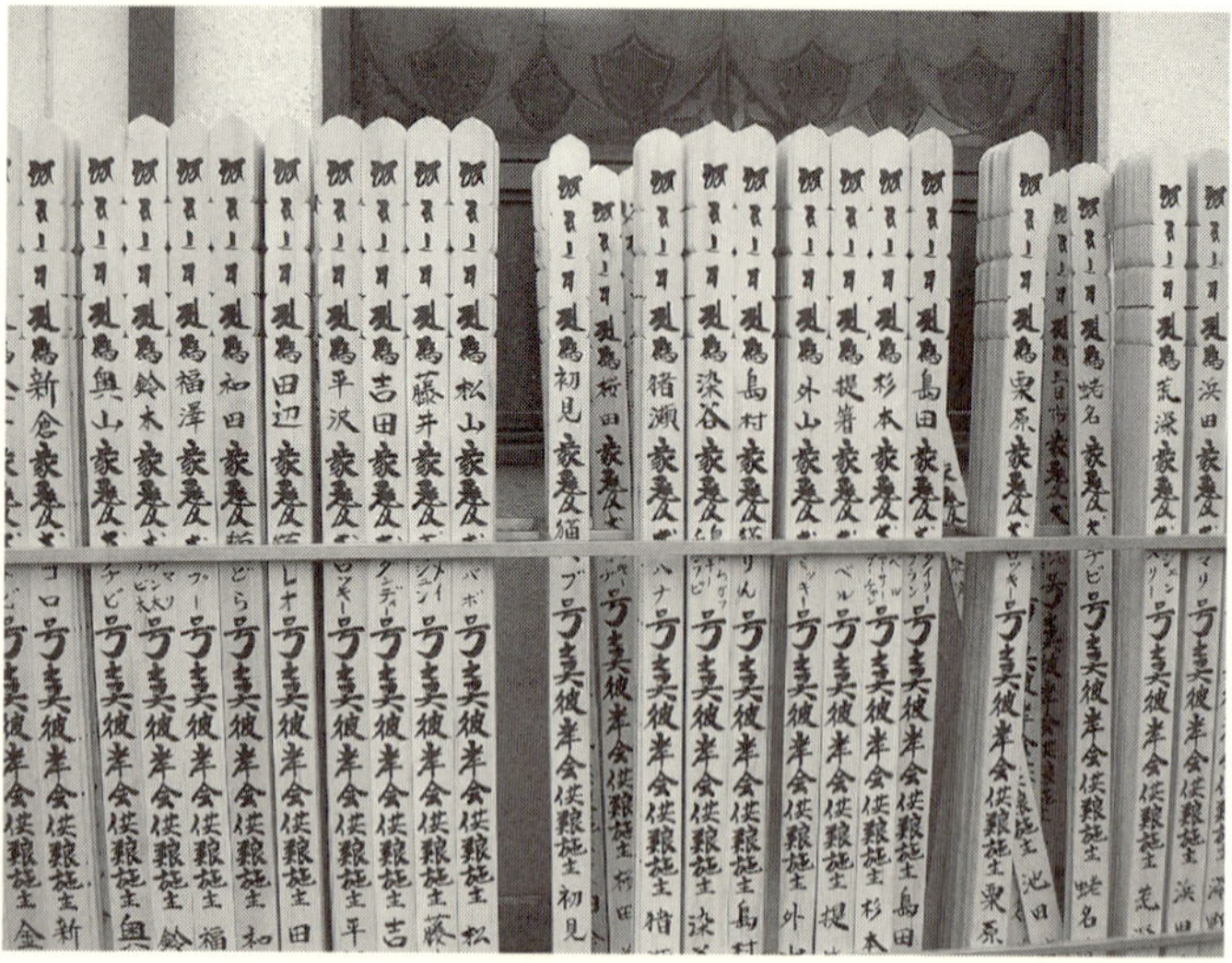

図 4-1　卒塔婆

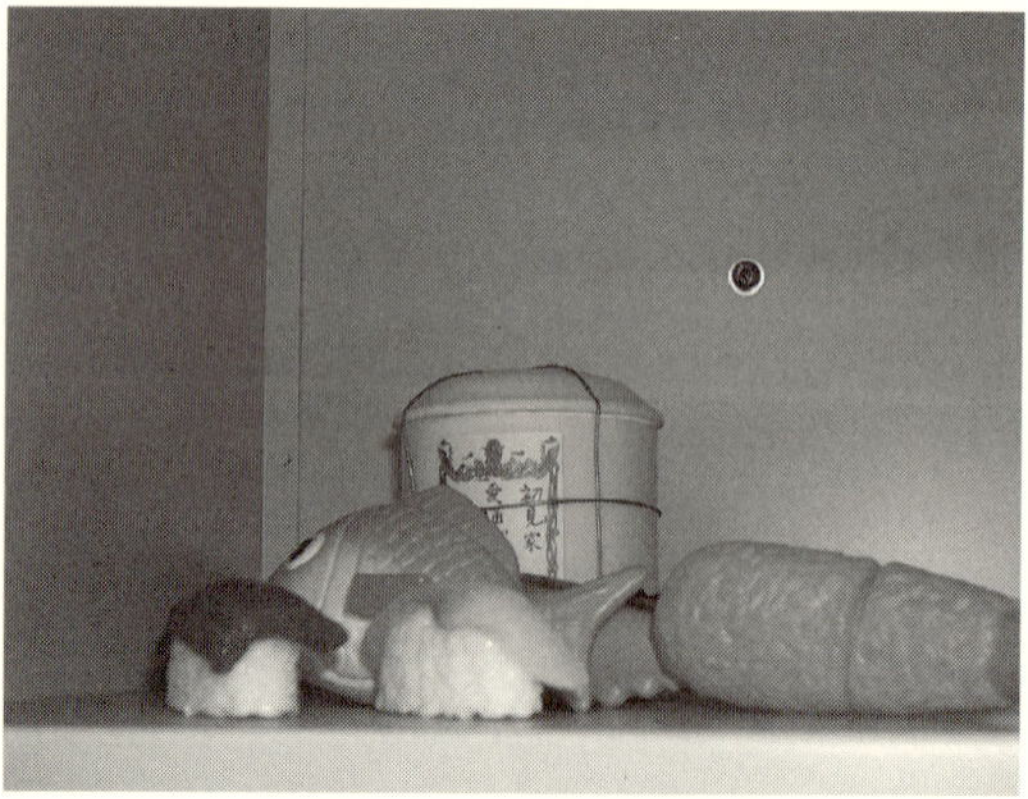

図 4-2　骨壺とお供え物

図 4-3　納骨堂１階

図 4-4　立派なお墓

表 4-4　ペットロスの諸段階

第 1 段階	ショック，混乱，(対象の死の)否認
第 2 段階	怒り(周りへの敵意，自分の罪悪感)
第 3 段階	取り引き
第 4 段階	孤独感，抑うつ，希死念慮
第 5 段階	あきらめ(現実の受容)

出典）横山章光『アニマル・セラピーとは何か』NHK ブックス，1996 年，158-159 頁

さて、ペットロス症候群という言葉があります。ペットを亡くした悲嘆が大きく、喪失感から回復できずにうつ、不眠、心身症的症状を経験する人がおります。一般的に最大のストレスは配偶者の喪失(離婚、死亡など)と言われておりますが、それに匹敵するものです。

アメリカの研究ではペットを亡くした人のおよそ三割が重度の悲嘆を経験していると言われていますが、日本でもペットロスを経験する人たちが増えております。私の教え子でペットロスとペット葬祭をテーマに卒業論文を書いた長谷川諭子という学生がおりました。彼女の調査によると、概して、年齢が若く同居人が少ない(独身か子供のいない若い夫婦)、女性、高学歴であり、なおかつペット飼育歴が長い人に多いようです。ここでの話は長谷川の調査データ(二〇〇七年度北海道大学文学部社会システム科学講座卒業論文)や北海道大学医学部の木村祐哉・川畑秀伸・前沢政次(「ペット喪失直後に生じる悲嘆反応の頻度と程度——疫学的研究を目指した予備調査より」北海道大学学術リポジトリ掲載 http://hdl.handle.net/2115/35505)に拠っています。

ペットロスを経験した人たちのサイトというのも結構ありまして、切実な心境が綴られております。おおよそ、こんな内容です。「あの子、あの仔、若いのに逝ってしまった」けれど、きっと「成仏」しているはず、「天国」「霊界」で「待っていておくれ」。こう思えれば、だいぶ心の傷は癒

えていると思われますが、「不治の病、闘病、苦しんで逝った」あの子。「ママを許して」「うつになりそう」という声もあります。

ペットが成仏して極楽にいるのか、天国の門の脇でご主人様が来るのを待っているのか、常人の私には知る術もないのですが、僧侶や牧師の方でそう言われる方もあるようです。確かに、日本の仏教には「死なばホトケ」「一木一草に仏性が宿る」というようなことも言われていますので、あながち犬や猫が成仏しないとも限りません。これは日本独特の感覚でして、上座仏教の国（スリランカ、ミャンマー、タイ、ラオス、カンボジアなど）では考えられないことでしょう。仏陀のように涅槃に入るために修行している僧侶たちの前で、犬や猫がそのままに成仏してしまったら修行の意味がなくなってしまいます。

しかし、日本ではペット供養が立派な宗教行為であるとして裁判所で争うような寺院があります。あるペット供養を行っているお寺さんに税務署が入りまして、ペット供養は収益事業であるから課税されなければいけないということで追徴課税がなされました。ご住職はペット供養といえども宗教行為であるから宗教法人の公益活動とみなされ、原則的に課税が免除されるはずということで不服申し立てを行ったのですけれども、認められませんでした。それで税務署を相手に行政訴訟を行ったわけであります。訴訟は名古屋の天台宗の寺院と東京の浄土宗の寺院からなされました。名古屋では寺院の敗訴、東京では寺院の勝訴となっております。その理由は、名古屋の寺がペット供養を始めたのは一九八三年頃からで民間事業者と同じ営利事業とみなせる。東京の寺は家畜類の動物供養を江戸時代から行っていたので宗教的慣習に基づく宗教行為とみなせるというものです。

おそらく、ペットが成仏するか天国に行くのかといった宗教論は別として、寺院側に依頼した人々がペットたちの冥福を祈念して僧侶に読経を依頼するのであれば、それは宗教行為とみなせるのではないかと思われます。しかし、それを原則論にしてしまうと、現在ペット供養を行っている民間事業者は数千の単位であるのですが、それらの事業者に対して行政は物品販売(墓石・塔婆)、不動産貸し付け(墓地使用)、物品保管(納骨檀)他の事業税、および事業者の不動産(ペット霊園)にも税を課せなくなってしまいます。ペット供養の事業者たちもペットの冥福と依頼主の癒しを行っていることに変わりはなく、立派な宗教行為ではないかと主張しかねません。作業服を着た事業者が行えば営利行為で、袈裟をつけた人が行えば宗教行為というのも便宜的過ぎます。というわけで、ペット供養は当分の間、営利事業のまま推移するのではないでしょうか。

いやはや、ペットロスで悲嘆に暮れている人たちの気持ちをよそに、税の問題からペット供養を論じてしまいましたが、これは枝葉の議論です。ただ、二節で話したように日本の寺院では、葬儀および墓所と法要を寺院に依頼する人々が減って、まさに飯の食い上げになるような時代ですので、ペット供養という需要を新たな市場として傘下に収めることができるのか、それとも民間事業者に渡してしまうのかは大きな問題なのです。

そういえば、ペットの霊を云々する前は、一九七〇―八〇年代の水子供養ブームがありました。今でこそ、全国津々浦々の寺院が水子供養を行っておりますが、これは新しい民俗でして、日本の民俗伝統でも仏教の経典ともなんの関係もありません。秩父に橋本徹馬という方が開山した紫雲山地蔵寺という寺がありますが、ここが水子供養発祥の地とも言うべきところです。もちろん、全国各地に子供を亡くした親が地蔵菩薩に子供のことを加護祈願する地蔵信仰は近代以前にあったのですが、流産や中絶した子供を水子として供養しなければならない、あるいはそうしないと罪障となるといった教説は近年作られたものです。拝み屋さんや一部の新宗教団体により流布された言説です。伝統宗教の寺院は、そんなことはないと否定して女性たちを安心させるべきでしたが、求める人がいるのだから提供してあげようと、善意半分、ビジネス半分で水子供養の祈願寺が出てきました。

私はいずれ、ペットの霊が祟るとか障るといった言説、およびそれを利用した霊感商法が登場するのではないかと予感しております。犬が祟るといえば犬神です。猫が祟るとなれば化け猫になる。昔はそういってむやみな殺生を誡めたものです。しかし、そういうことは迷信とされたのですが、犬・猫が人間同様の供養を受ける時代になれば、当然、人間同様の思いや恨みを残して死ぬ犬や猫も出てくるでしょう。実際、どうかは分かりませんが、水子とて本人の意思はともかく、遺族がそう考えているわけです。犬・猫の気持ちを忖度する人は増えています。

現在、日本で一年間に死ぬ人たちの数はだいたい二〇〇万人です。中絶件数は三〇万人。犬・猫で死ぬものも二〇〇万匹は下らないでしょう(二〇〇〇万を超す飼育数で寿命を一〇年と考えてみると)。日本のお浄土にはペットを連れた人たちが増えていることだろうと思います。願わくは、一切衆生悉く成仏されたし。私は人間対象の霊感商法、カルト宗教の研究、対策に手一杯でして、これ以上新手のビジネスが出てくることは望みません。

四　現代人の自己愛

そろそろ話をまとめなければいけません。

人の葬儀や供養の仕方が地味になり、個人の志向・嗜好に応じてきた背景には、先祖代々の家の永続性を願いようもない現代家族の実態があります。家と墓が続かないのであれば、葬儀・法要を独占してきた日本の仏教が衰退するのも時間の問題でしょう。それは世の流れであり、現代における仏教の役割とは何かといった高邁な問題をお坊さん方には御議論いただき、新たな宗教的ニーズの開発に努めていただきたいと存じます。

他方でペット供養はますます盛んになっております。それだけの供養をしなければいけないほどに、人のペット、コンパニオン・アニマルに対する思い入れは深く、持続的なものです。ペットロスの書き込みには、「君はいつでもそばにいた」「恋人よりも愛していた」といったことも書かれるくらいです。

人の葬儀とペットの葬儀を比較していて思うことは、人よりもペットが愛される時代なのだなということです。世帯の規模が縮小し、人間関係が希薄になり、人情は紙のごとく薄いものになる一方で、なぜ、ペットへの愛情が増し、時に夫婦愛や子供への愛情をこえてしまうのでしょうか。

　私が考えるに、自己愛、ナルシシズムと関係しているのではないかということです。自分らしく生きたいと現代の若者は言います。自分らしく死にたいと老人が言うでしょう。自分らしい葬儀や死後のまつりを準備される方もおられます。時代を反映した自意識です。人に迷惑はかけられない、かけたくないという遠慮や気兼ねと同時に、気ままにやりたい、好きにさせてくれといった気持ちがかいま見えます。

　人は一緒に生活し、職場を共にし、同じ地域で生活する以上、面倒くさい人間関係を調整しながら、時に人の面倒を見たり、見られたり、お互いに迷惑をかけあって生きています。家族であっても、いや家族だからこそ愛憎半ばするようなこともありましょう。他人なら許せることでも夫婦では気に障るといったこともあるでしょうね。生きがたい世の中、分かり合えぬ人間関係こそ、娑婆の特徴とも言えましょう。

　ところが、家族の一員と遇されているペットは娑婆にはいないのです。ペットは人の愛情を受けとめ、人のわがままを受けとめるだけの動物です。いやいや、うちの子はやんちゃで、自律心旺盛でといったことを言われる方もおられるかもしれませんが、ペットは飼い主に一方的に依存せざるをえません。独り立ちした犬や猫はノラと呼ばれるわけです。

　手をかければかけるだけペットはなつきます。そこが人間と違うところです。子供のように自我が芽生えて口答えや生意気な口をきいたりしません。「産んでくれと言った覚えはない」「お前のような子を産んだ覚えはない」などとお互いの記憶を確認しあう場面もあります。老親介護が長期に及べば親といえども複雑な感情を抱かざるをえません。憎まれ口をきく困った老人も多いでしょう。しかし、ペットは死ぬまで飼い主にとって幼児のままです。親の手の中にあります。だからペットは人より可愛いのでしょう。ペットが愛せるのは、自分がかけた愛情をそのまま自分に返してくれる存在だからではないでしょうか。

ペットを捨てる人、飼えなくなったと保健所に持ち込む人たちは、ペットを自己愛の鏡という道具に使用していたのでしょう。道具だから不必要なものと考えられるわけです。

児童虐待が二〇〇七年に過去最多四万六一八件だそうで、この四年間に親により殺された子供は二九五人もおります。もしかして、親は子供をペットのように考えていたのではないでしょうか。親たちは自分の子供をいつまでも可愛い赤ちゃん、可愛い幼児、親に依存して親になついてくれるままの愛玩動物と誤解してはいなかったのかと心配になるのです。

そして、この懸念は児童虐待に追い込まれてしまった親たちの孤独、社会的孤立をも示しております。現代人が娑婆のしがらみを逃れて、自分らしさを求めるようになり、その一方で自分の愛情を確認する相手としてペットを求めるようになってきたのだとすると、ペットが人間並になったのか、人間がペット並になったのか、判然としがたい領域が出現しつつあると思われます。人の葬儀とペットの葬儀から現代社会を論じてしまうといった大それたことをしてしまいましたが、社会学者という生業のゆえとご勘弁願います。

第五話　“Happy”と“Sad”

――子どもはどう歌に託すのか？

安達真由美

一　はじめに

本題に入る前に、まず本講座のテーマに含まれている語句について、私なりの解釈をさせていただきます。

◎笑い力――状況を笑い飛ばす力。何か難しいことや普段と違ったことに直面したとき、「さあ困った」と悩むのではなく、その状況を楽しめる力。いわゆる「問題解決能力」とリンクしていますが、眉間にしわを寄せながら取り組むのではなく、与えられた問題や解決に向けて考えるプロセスを楽しみ、その結果をイメージしてほくそ笑むこと。「遊び心」と捉えることもできます。

◎言葉――表現媒体。自分の意図を伝えることのできる媒体すべての総称。

◎〈笑〉――様々な笑い(微笑み、お腹を抱えて笑う、ほくそ笑む等)。
◎〈和〉――「和む」、または「和ませる」。
◎〈話〉――言語で「話す」だけではなく、それぞれの表現媒体を通じて「伝える」こと。
◎術――「技術」「方法」「方策」。

このような認識のもと、今日はカナダと日本の子どもたちが、「歌を通して聴く人を楽しませる、あるいは悲しませる」という非日常的な課題が与えられたときに、いったいどうやってこの課題をやってのけたかということについてお話しさせていただきます。公開講座ではビデオ等で例示させていただいた、子どもたちの「歌」という言葉を通しての〈笑〉〈和〉〈話〉術を、本章では「文字と図」を通して解説したいと思います。そしてその中で、日本の子どもとカナダの子どもの「笑い力」を比較しながら、わが国の幼児教育が抱える落とし穴について一緒に考えていただけると幸いです。なお、本章における「笑い力」についての議論は、あくまでも公開講座の枠組みの中で一般の方々に研究内容をご説明するためのものであり、学術的に新しい概念を提供するなどという野心はまったくないことを事前に申し添えます。

とはいえ、本題の子どもの話に入る前に、音楽の持つ感情伝達の力について、おそらく皆さんにとってはより身近な、大人の世界の話を先にさせていただきます。

二　音楽における感情の伝達——大人の世界の場合

音楽要素が表現する感情

先ほど、「歌を通して聴く人を楽しませる、あるいは悲しませる」ということを「非日常的な課題」と表現しましたが、これは「子どもの世界では」という話であって、大人の世界では決して非日常的ではありません。皆さんがお好きな歌や曲の中で、最低でも一曲はその演奏者や歌い手がなんらかの感情を表現しているものがあるでしょう。もちろん、音楽の持つ感情的意味には、「楽しさ・悲しさ」というような、個別の名称を持ち明確な区別がつくカテゴリとしての感情と、「快—不快」や「緊張—弛緩」といった、両極に位置するある種の感情状態の間を行ったり来たりするような、「言葉で表現するのは難しいけれど確かに感じる何か」があるため、読者の皆さんの中には「いや、私が好きな演奏には、楽しい曲も悲しい曲もない。ただ、この演奏を聴くといつも心が動かされるものはある」とおっしゃる方もいらっしゃるかもしれません。個別の名称を持つ感情であれ、言葉では言い表せないような感情であれ、音楽にはなんらかの感情を表現し、それを聴き手に伝達する力があり、私たちの多くが、その音楽の感情伝達パワーを日常的に体験していると言えるでしょう。

音楽が感情をどのように聴取者に伝達するか、そのメカニズムについて触れたいと思います。まず、音楽の中でも言語的な情報を持つ歌の場合、その歌の歌詞が意味不明でないかぎりは、歌詞の持つ意味は大きいでしょう。しかし、少なくとも大人の場合には、歌詞からの情報以上に、曲(旋律や伴奏)から抱く印象の方に重きを置くことが分かっています。曲から抱く印象は、曲のテンポ、強弱、音色(楽器)、音域、音の高さ・長さ、旋律・リズム構造、旋法・調性、和声・響き、アーティキュレーション(飛び跳ねる感じかなめらかな感じか)等の要素を通じて私たちにもたらされます。例えば、音楽家と大人の一般聴取者は、「長旋法・高い音・軽快なテンポ・大きい音・スタッカート(はねるような音)」を通じて「楽しさ・嬉しさ」を感じ、「短旋法・低音・ゆったりとしたテンポ・小さい音・レガート(なめらかな音)」を通じて「悲しさ」を感じることが分かっています。すなわち、音楽を構成する要素それぞれの特徴が、いわば「音楽的感情語彙」であると言えるのです。

日常的な音声感情表現

音楽の中でしか使われない「旋法」と違い、音域、音の高さや長さ、大きさ、速さ、アーティキュレーションを操作してできる音楽的感情語彙は、日常的に体験する感情的な音声表現とも共通するものです(ぴんとこない方は、嬉しいときの声と悲しいときの声を、自分でちょっと試してみてください)。したがって、特別な音楽的訓練を受けたことのない人が音楽で表現された感情を感じ取る際には、その楽曲における感情語彙を、よりなじみのある声による感情伝達場面に置き換えて解釈しているとも考えられます。

大人が日常的に体験する音声を通しての感情伝達は、幼少時からの経験の蓄積に基づいています。その幼少時における経験はというと、子ども自身が属する社会・文化の中で認められている感情伝達方略を身につけていく過程とも言えます。子どもが感情をどう操作してまわりの人たちに伝え、また相手の感情を理解するようになるのか。大人の世界に長く浸ってしまうと忘れてしまいがちな子どもの世界を振り返りつつ、本題に入っていきたいと思います。

三　子どもの世界における“Happy”と“Sad”

乳幼児にとって「感情」とは？「歌」とは？

子どもの世界において、感情はコミュニケーションのための主要媒体として重要な役割を持っています。生まれてすぐに、泣いたりぐずったりすることで、乳児は自分の欲求を親に伝え、新生児微笑やそれに続く自然微笑、笑い声等を通して親との間に愛着を形成するなど、感情は乳児の日常において欠かせない媒体となります。片言の言葉を話すようになる二歳頃には、家族の表情から、嬉しい等の気持ちを読み取ることができるようになり、三歳頃までには、特定の文脈において自分や自分以外の人がどういう気持ちでいるかを、簡単な感情語を使って識別できるようになります。自分の体験を話したり、ごっこ遊びをしたりするようになる頃には、話の中の登場人物の感情に合わせて声色や顔の表情を変えるなど、仮想場面においても的確な感情表現を行うようになります。そして、少なくとも基本的感情と呼ばれる喜び、悲しみ、怒り、恐怖、嫌悪については、幼児期の早い段階で日常的に理解し、文脈に合った感情表現をするようになります。

一方、乳児と親との間の感情のコミュニケーションには、「歌」も一役買っています。例えば、母親が乳児をあやしたり遊ばせたりする際、乳児に歌いかけることは多くの文化で確認されており、子育てにおける歌いかけはほぼ普遍的と言えます。

一般に、乳児が注目しやすい音響的特徴を持つ対乳児発話(マザリーズ)が乳児の言語発達を促すと言われていますが、対乳児歌唱(シンガリーズ)もまた、「自発的ソング」と呼ばれる歌の発達に影響を与えると考えられています。自発的ソングとは、乳幼児が適当に作って歌う歌のことで、音楽発達研究者たちの間では、いわゆる子どもの歌やアニメソングをさす「標準的ソング」とは区別されています。標準的ソングは、たいていの場合歌詞があることから、片言でも言葉を話すようになってから歌うようになりますが、自発的ソングは必ずしも歌詞を伴うとは限らないため、言葉を話す前でも歌うようになります。言語発達において、言葉を発するようになる前に、喃語と呼ばれる「話しているかのように聞こえる声」が観察されるように、自発的ソングの発達でも、音楽的喃語と呼ばれる「歌っているかのように聞こえる声」が観察されます。それは、ある音をずり上げたりずり下げたりするような音から始まり、徐々に、歌らしい旋律に近づいてくると言われています。また、自発的ソングは、後に標準的ソングとも同化され、旋律のレパートリーが広がっていきます。

言葉の発達に合わせて自発的ソングの歌詞も様々となり、家族へのメッセージを旋律に乗せて歌ったり、独り言のように歌ったり、あるいは一緒に遊んでいるぬいぐるみに歌わせたりと、歌われる文脈も広がっていきます。

このように、乳幼児にとって歌うことは、本来言葉を発するのと同じくらい自然な行為であり、子どもの遊びの中に自然に組み込まれていくほど身近な表現媒体であると言えます。他の楽器のように特別な訓練を受けなくとも、「声」という、持って生まれた楽器を駆使して自由自在に自分のアイデアを音楽的に発信できるもの、それが「歌」なのです。

歌で感情を表現する

ここまでの話から、音楽がある種の感情を私たちに伝達すること、そのメカニズムには音楽特有の語彙と、話す際の音声表現にも共通する感情的語彙があることを理解していただけたと思います。これらを背景とし、三歳までにはマスターされると言われている基本的感情に関わる日常的音声表現が、「歌」という、乳児期から自然発生的にあらわれる自己表現媒体の中で、子どもによってどう意図的に操作されるのかについて検討していきたいと思います。まずは、どのようにして子どもたちに「楽しい気持ちHappy」と「悲しい気持ちSad」の歌を歌ってもらったのか、その実験の様子についてご説明しましょう。

最初の実験ではカナダの子ども一六〇人(四〜五歳、六〜七歳、八〜一〇歳、一一〜一二歳、各四〇人)を対象に、次のような課題を行ってもらいました。
(1)歌唱力チェック課題:同じ旋律に異なる歌詞がついている「きらきら星」「ABCの歌」「バアバアブラックシープ」のうちから子どもが一つ選び、「歌詞つき」と「歌詞なし(ラ唱)」で歌った。両方のバージョンで正確な音程で歌えたら「歌唱力が高い」、それ以外は「普通」と判断。各年齢群には、高い歌唱力と普通の歌唱力の子どもが二〇人ずついた。
(2)物語課題:感情について自分なりに考える練習。六歳以上には、実験者が「楽しい気持ちHappy」か「悲しい気持ちSad」になるような話をしてもらい、四~五歳には、それぞれの気持ちを表現するうさぎの絵を見せ、その絵について語ってもらった。
(3)自作歌課題:(2)の感情と同じ気持ちになるような歌を作って歌ってもらった。
(4)自作曲課題:(2)(3)の感情と同じ気持ちになるような曲(歌詞なしの歌)を作って歌ってもらった。
(5)歌い分け課題:(1)の課題で歌った歌を、まず(2)~(4)の課題で表現した感情と同じ気持ちになるように歌ってもらい、その後、もう一方の気持ちになるように歌ってもらった。

この五つの課題からなる同じ実験を、日本の子どもを対象としても行いました(注)。ただし、日本では一番目と五番目の課題で歌ってもらう歌を変更しました。これは、日本では「きらきら星」等はテレビ番組や幼稚園・学校の先生から習う歌であり、英語圏の子どもが家庭の中で身につける「きらきら星」とは意味合いが違うからです。そこで、日本の子どもが家庭の中で身につける歌として、同じような音楽的構造(二拍子系、付点のリズムなし、反復されるフレーズあり)を持つ「チューリップ」を歌ってもらいました。

これらの実験を通して得られた子どもの表現データのうち、本章ではまず、カナダで行った五番目の課題「周知の歌の歌い分け」で得られた歌を取り上げます。これらの歌から、この課題における彼らの「笑い力」を診断したいと思います。次に、三番目の「自作歌課題」において、カナダと日本の子どもたちに見られた類似性と相違性を取り上げ、それぞれの「笑い力」を比較したいと思います。そして最後に、これらの「笑い力」診断に基づいて、日本の幼児教育に見られる落とし穴について言及したいと思います。

知っている歌で"Happy"と"Sad"を歌い分ける——カナダの子どもの場合

年齢、性別、歌唱力に関わらず"Happy"と"Sad"を歌い分けるために対照的に使用されていた工夫は一二種類ありました。まず、音楽的(かつ音声的)工夫である歌い出しのテンポ、音の高さ・大きさの操作として、"Happy"の方が"Sad"よりも速く、高く、大きい音で歌い出されていました。次も音楽的工夫と言えるものですが、"Happy"よりも"Sad"の方でよりテヌート(重さをかけるように一つ一つの音の長さを保持する表現)が使われ、跳躍音程が上がりきらずフラット気味になり、旋律を変える傾向にありました。さらに、音声的工夫として、"Happy"よりも"Sad"の方で、鼻声や独特の声色(ぐずり声、泣き声等)、独り言のような歌い方がより頻繁に見られました。

そして、表情の工夫として、歌い出すときに、"Happy"では笑顔で、かつ視線と頭の位置がともに正面を向き、"Sad"では眉間にしわを寄せて口をへの字に曲げ、いかにも悲しそうな表情が見られるとともに、視線、頭の位置が下向きになる傾向にありました。

これらの傾向は、一六〇人すべての子どもたちに同じように観察されたわけではありませんが、統計的に「偶然ではない」と認められたものです。特に、テンポは最も共通して使われていた工夫であり、テンポに関するデータさえ分かれば、全三二〇曲中二二四曲分(七〇%)は、"Happy"と"Sad"のどちらを表現したものか正しく判別できたほどです。

一方、個々人の表現に注目すれば、全体の傾向として認められた表現の工夫のうち少なくとも一～二種類を採用しつつ、別の手段でも"Happy"と"Sad"を歌い分けようとしていたものがたくさんありました。例えば、"Happy"では付点のリズムやシンコペーション(強拍の位置を前倒しにする表現)を多用してスタッカート(はねるような音)で歌い、"Sad"では元歌のリズムのまま、レガート(なめらかな音)で歌う子どもがいたと思ったら、逆に、"Happy"では元歌のリズムのままレガートに美しく歌い、"Sad"ではノン・レガート(途切れ途切れの音)で躊躇しながら歌う子どももいました。

身体の使い方もいろいろで、"Sad"ではほとんど動かず、"Happy"の方で頭や上体をリズミカルに上下動させたり、ビートに合わせて左右に揺らしたりする子どももいれば、"Happy"ではほとんど動かず、"Sad"の方で上体を大きく回旋したりする子どももいました。中には、歌うと言うよりも演技をしている子どももおり、"Happy"ではお腹を抱えて笑いながら歌い、"Sad"では鼻をすすりながら泣いているふりをして歌っていました。

「ABCの歌」を歌った八歳以上の中には、"Happy"では元歌の歌詞をそのまま歌い、"Sad"では元の歌詞の最後にある「次は私と一緒に歌ってくれる?」という部分を削除したり、「自分と一緒に歌わないで」と変えたりする子どももいました。さらに、特に女子の中には、ため息のような声で"Sad"を歌う子どもがいたり、歌唱力の高いグループの中には、一つの音高から次の音高に移行する際にポルタメントと呼ばれる音高のずり上げ・ずり下げ技術を使用し、微妙なニュアンスの違いで"Happy"と"Sad"を歌い分けている子どもがいたりしました。

また、あまりにも突飛な歌もありました。実験者に指人形のパンダを見せられ、「このパンダが楽しいときに、「きらきら星」をどんなふうに歌うかな」と言われたある四歳男児は、一瞬のうちにパンダになりきり、そのリズムをはじめから最後まで鼻を鳴らして歌ったのでした! ちなみに、彼は歌唱力が高いグループの一人であり、歌が苦手だったわけでは決してありません。実際、"Sad"では悲しそうに上手に元歌を歌っていました。もしかしたら、鼻を鳴らして歌ったときに息が途中で続かなくて結構たいへんそうだったので、"Sad"ではパンダの方を人間に変身させて人間語で歌ったのかもしれません。幼児が大好きなディズニー映画に出てくる動物たちが皆人間語で歌っているように……。

鼻を鳴らしたパンダの歌は、大人の世界で言うところの「歌」という概念を飛び越えていたため正直面食らいましたが、元歌の旋律を変えた歌の中には、音楽的に「なるほど」と思えるものもたくさんありました。例えば、ある九歳女子は、"Happy"では元歌を楽しそうに歌い、"Sad"ではリズムを保持したまま音階を下行していく旋律に変えて歌いました。頭や視線が下向きになる"Sad"ですから、旋律を下向きにするのも理にかなっています。逆に、別の九歳女子は、"Sad"では元歌を悲しそうに歌い、"Happy"では旋律の出だしをメジャーセブンスの上行型アルペジオ(ドミソシ)から始め、その後も減五度(例えば、シからファへ)の跳躍や全音音階(半音を含まない音階)を使うなど現代音楽風に発展させたあと、最後は「ソシド」で終わりました。上向きで始まり自由に動き、最後は主音(ド)できっちり終わっているこの旋律は、前向きな気分を示唆していると言えるでしょう。

また、"Happy"と"Sad"の両方で旋律を変えた子どももいました。ある一〇歳女子は、"Happy"も"Sad"も出だしは下行型でしたが、"Sad"ではレガートでゆったりした下行型モチーフを発展させて、最後の主音にも下行して終わり、"Happy"ではその"Sad"で使った下行型モチーフをもとに、付点のリズムとスタッカートに乗せ、下行しては上行するというパターンに変奏し、最後も上行して主音に落ち着くという旋律にしていました。下行型中心の"Sad"の旋律と、上行型を積極的に含む"Happy"の旋律の感情的解釈は、前段落のとおりです。さらに、ある九歳男子は、"Happy"では元歌の4拍子のままモーツァルト風に旋律を変奏して歌い、"Sad"では拍子を8分の6拍子に変え、短旋法を用いた旋律を作りました。この"Sad"の拍子を8分の6拍子に変えるというのは一二歳女子にも見られました。彼女の場合は、“Happy”は元歌を楽しそうに歌い、“Sad”では8分の6拍子でポップス調の旋律を作り、それに「ABCの歌」の歌詞を乗せて歌っていました。普段聞いているアーティストの曲にヒントを得たのかもしれません。

対照的な感情を歌い分けるための工夫の中には、主として特定の年齢群によって使用されているものもありました。例えば、四～五歳児は歌いながら足を動かす傾向にありましたが、その動かし方は“Happy”と“Sad”で異なりました。ある四歳女児は「ABCの歌」を、“Happy”では両足を前に伸ばしてばたばたさせながらとても速いテンポで歌い、“Sad”では2拍ごとに左右の足を交互に横に伸ばしながら、ゆったりとしたテンポで歌いました。このような、「歌うことと融合された足の動き」は、幼児が身体の動きを通して音楽の構造的特徴を無意識的に表しているとも考えられます。同じく「ABCの歌」を歌った五歳男児は、“Happy”では特に足を動かしませんでしたが、神妙な様子で歌い出した“Sad”では、歌のリズムに合わせて左右の足底を床の上で交互に前後に滑らせ、歌の中の「l, m, n, o, p」というフレーズを歌った直後、実験者に「〝p〟はバーンってバケツを蹴ってるとこ！」という解説まで入れ、続きを歌っていました。何かを蹴とばすことで悲しい思いを癒そうとする少年をイメージして表現していたことが分かります。

一方、六～七歳児では、「歌詞」が“Happy”と“Sad”の違いを表す主要な表現媒体となっており、元の歌詞に感情語を加えたり、まったく新しい歌詞に変えてしまったりする傾向にありました。そのいくつかの例をご紹介しましょう（英語を日本語に訳したため、残念ながら「きらきら星」等の旋律にこのまま乗せて歌うことはできませんが……)。

◎六歳女子(「きらきら星」の旋律を独自の歌詞に合わせて変奏しつつ歌った)

"Happy"「私と遊ぶためにあなたが一緒にいてくれてとても嬉しい。……あなたが死んでも生きていても大好き。大好きなあなたが友達でいてくれることがすごい」

「遊ぶ・嬉しい・大好き・すごい」といった"Happy"な言葉がたくさん入っていますね。

"Sad"「天国であなたは元気にしている。でも、あなたが私のところに降りてきて「さよなら」を言ってくれたらいいなあ。お願い、どうぞお願い「さよなら」を言って。どうぞ「さよなら」を言って、今すぐ、お空の上で」

言葉としては「さよなら」が"Sad"の気持ちを誘導する唯一のものですが、他にも、「天国」が誰かが死んでしまったことを示唆し、さらに、「さよなら」を言ってもらいたいのに言ってもらえない、つまり「望んでいることが満たされていない」という状況も"Sad"を表現しています。読んでいて切なくなる歌詞ですね。

◎六歳男子（"Happy"は「きらきら星」の旋律を変奏し、"Sad"は新しい旋律で独自の「ABCの歌」を歌った）

"Happy"「あるところに、星を手に入れたいと思っていた少年がいました。あるとき、星がぴかぴか光りだしたので、少年は「あの星が欲しいなあ」と言いました。すると次の日、少年はびっくりしました。欲しいと思っていたものが手に入ったからです。あの星が少年の家にやってきたのです。それで少年は空に向かって「ありがとう」と言いました」

この歌詞も、前の女子の"Sad"同様、言葉として"Happy"に直結しているのは「ありがとう」くらいしかありません。しかし、物語の展開の中で「望んでいたことが満たされた」ことで、少年の"Happy"な気持ちが伝わってきます。

"Sad"「〝A〟が歩いていたら、〝B〟がそれを食べちゃった。それを〝C〟が食べちゃって、またそれを〝D〟が食べちゃった。だけど、〝E〟が「そんなのだめだよ」と言って、それを食べちゃった。〝F〟はおなかがとてもすいていたので、またそれを食べちゃった。……〔さらに続く、延々と〝Z〟まで……〕」

これは、実験中に「そう来たか！」と思った歌の一つです。一見どうして"Sad"なのか分かりにくいかもしれませんが、アルファベットの文字が次々と食べられていってしまうというところがミソと言えましょう。アガサ・クリスティの『そして誰もいなくなった』は、次は自分かもしれないという状況下での恐怖を抱かせますが、この歌詞の場合には、「文字が食べられていなくなっちゃった。そのことが悲しい」のです。この例のように独自の「ABCの歌」を作った子どもは他にもいて、その子もやはりこの年齢群でした。六〜七歳というと、学校で読み書きを習い始める頃ですので、文字に対する意識や興味の高さが、独自の「ABCの歌」という形であらわれたのかもしれません。

以上、知っている歌を"Happy"と"Sad"という対照的な感情に歌い分ける際に、カナダの四〜一二歳児が行った様々な工夫についてまとめてみました。これらをざっと眺めただけでも、"Happy"と"Sad"という子どもにとってなじみのある感情がどれだけ彼らの想像力を刺激し、創造意欲をかきたて、大人が思いもつかないような工夫をやってのける原動力になりうるかということを理解していただけたと思います。

大人の、しかもちょっと音楽的な素養を持った頭で考えると、"Happy"は元歌をそのまま歌い、"Sad"は元歌の旋律に含まれる、音階上の「ミ」と「ラ」にあたる音をそれぞれ半音下げて短旋法に変えて歌えばいいだけじゃんと短絡的に思いがちですが、少なくともカナダでの実験に参加した一六〇人の子どもは、そのような楽ちんなことを考えもしなかったようです。確かに、大人の世界での典型的な音楽的感情語彙である旋法を利用し、"Sad"を短旋法で歌った子どもも二人いました。

前述した九歳男子とここではご紹介しなかった六歳男子です。しかし、その二人とも、旋律を完全に変えまったく新しい歌を作ってしまった結果の短旋法であり、大人が思いつくようなお手軽操作でできあがったわけではありませんでした。

子どもたちが対照的感情表現として採用した工夫の内容を吟味すればするほど、そのほとんどに、日常的な感情体験で見られる表現や、個人が普段の生活の中で無意識的に積み重ねてきた音楽表現のレパートリーの影響が見て取れます。知っている歌を通して“Happy”と“Sad”を表現するという非日常的課題が与えられても、カナダの子どもたちは普段の生活で経験している感情伝達のノウハウを上手に応用したり、独自のひらめきを大事にしたりしながら、思いついたまま素直に歌い分けを楽しんでいました。一人の子どもが歌い分け課題に費やした平均的な時間が二〜三分だったことを鑑みても、眉間にしわを寄せながら格闘した子どもは一人もいなかったと言えます。本章冒頭で定義させていただいた「笑い力」の観点から考えると、少なくとも、知っている歌で“Happy”と“Sad”を歌い分けるという状況においては、(個々に与えられる座布団の枚数は異なるにしても)総じてカナダの子どもたちの笑い力にはあっぱれと言わざるをえないでしょう。

自作歌で“Happy”または“Sad”を表現する——カナダと日本の子どもを比較して

さて、ここで日本の子どもたちがどのように周知の歌を用いて「楽しい」気持ちと「悲しい」気持ちを表現したかについてもお話ししたいと思います。日本の場合には、幼児(四〜六歳)、小一

(六~七歳)、小四(九~一〇歳)、小六(一一~一二歳)という群分けで実験を行ったのですが、対照的感情表現の工夫の大枠は、カナダの子どもに見られた全体的な傾向とほぼ同じでした。特にテンポ、開始音の大きさ、歌い出しの顔の表情は、程度の差こそあれ同様の傾向を示していました。すなわち、これらの表現を対照的に使うことによって、「歌い分け課題」は遂行できたということです。この点では、日本の子どもたちの笑い力にも及第点があげられます。

しかし残念なことに、個々の子どもの工夫に目を移してみると、カナダの子どもに見られたほどの意外性はありませんでした。例えば、歌詞を変えるという工夫では、「チューリップ」の「さいた」という部分を「しぼんだ・かれた」に置き換えるという工夫は見られましたが、カナダの六~七歳児に見られたような、まったく新しい歌詞に変えてしまうというような挑戦をした子どもはいませんでした。また、旋律を変えるという工夫では、「悲しい」バージョンで、前述したお手軽操作によって短旋法に変えて歌うのは見られましたが、カナダの子どもたちに見られたような、旋律の変奏やまったく新しい旋律に歌詞を乗せるという大胆さは見られませんでした。歌詞の変化、旋律の変奏、どちらにおいても大人が考えそうなことであり、「やられた!」と脱帽するような工夫は見られなかったのです。

英語と日本語という、実験で用いた言語の差はあるにしても、基本的な教示はカナダと日本では同じでした。幼児には「(指人形の名前)が楽しい気持ち(あるいは悲しい気持ち)のときにどんなふうに「××」を歌うかな」と誘い、小学生には「私(実験者)が楽しい(あるいは悲しい)気持ちになるように「××」を歌ってほしい」と依頼しました。「××」には、実験の冒頭で歌った歌の題名が入るのですが、本来、周知の歌を歌うように指示しているわけですから、カナダの子どものようにいろいろ変化させた方が間違っており、日本の子どもの方が正しい方法で課題を遂行したとも考えられます。すなわち、日本の子どもの工夫がカナダの子どもよりも独自性に欠けたように見えたのは、日本の子どもの方が教示に忠実だったことに起因する可能性があり、「歌い分け課題」の結果だけで日本とカナダの子どもの笑い力を比較することはできないのかもしれません。そこで、二国間の子どもの笑い力の比較は、明確に「歌を作って歌ってほしい」と教示した「自作歌課題」での結果にかかってくるというわけです。

自作歌課題では、子どもは即興で「歌詞」と「旋律」を作って歌う必要がありました。このような作業の特性上、「歌い分け」のときのような表情づけまでは子どもたちも手が回らないため、感情表現データとして使用するのは「歌詞」と「旋律」の内容に限ることにしました。

旋律の音楽的特徴に関する全体的傾向はまだ分析途中のものもあるため、ここでは主として、歌詞の中で子どもたちがどのように「楽しいHappy」または「悲しいSad」を表現したのかをご紹介しながら、個別の歌の特徴を説明します。紙面の関係上、ごく一部しかご紹介できないのが残念です。

◎カナダ四歳女児“Happy”

「なつ、おともだちとあそぶのがだいすき。おひさまのしたであそんで、おもいっきりスキップ。いちにちじゅうおともだちとあそぶのがだいすき。おひさまのしたであそびたいときは、とくにね。ああ、おひさまのしたであそぶのはたのしいわ。なぜって、ジャンプするのがおもしろいから。おしまい」

この歌詞に含まれる「大好き・楽しい・面白い」といった肯定的な感情語や、「友達と遊ぶ」といった肯定的な感情に関連している事象は、カナダの幼児の楽しい歌に使われる傾向にありました。また、この歌詞に見られる「友達」という言葉は、「家族」とともに、カナダの幼児の歌によく見られ、"Happy"では、「家族・友達と一緒にいること」が、"Sad"では「家族・友達がいない」ことが主要テーマになっていました。一方、日本の幼児の歌詞には、「楽しい歌」も「悲しい歌」も、特にこれといったテーマはありませんでした。

小学生の場合、カナダの子どもも日本の子どもも「楽しい」歌の内容は様々でしたが、「悲しい歌」では「死、または死を示唆すること」が主要テーマでした。次はその例です。

◎日本九歳女子「悲しい」

「戦争おきないで。戦争おきないで。戦争おきたら、みんなが死んじゃうかもね」

この歌にあるような「死ぬかもしれない状況・戦争」や「したいのにできない」等、否定的な感情を誘発する事象や、「悲しい・泣く・寂しい」等、否定的な感情語は、カナダ・日本ともに小学生の悲しい歌に見られました。

ところで、最初にご紹介した四歳女児は、付点のリズムとシンコペーションをたくさん使った長旋法の旋律に乗せて歌ってくれました。とても音楽的な歌を即興で歌ってくれたのですが、この子の母親によると、家でも適当にいろんな歌を作って歌っていたそうです。普段の遊びの中での自発的ソングが、実験という場で応用された例です。次にご紹介するのも、家で自発的ソングをたくさん歌っていた子が作った歌です。

◎カナダ五歳女児 “Sad”

「きょうりゅうさん、きょうりゅうさん、たべられちゃうかも。ほんとに、ほんとに、ほんとにたべられちゃうかもしれないよ。じつはね、ほんとにじょうずにたべちゃったんだよ。はじめはあたま、それからみみとあしのゆび。それでね、すっかりたべられちゃったの」

幼児を対象とした実験を行った場所には、幼児を惹きつけるようなポスターや動物の絵を飾りました。カナダの実験室には恐竜のポスターが貼ってあり、子どもの中にはその恐竜をモチーフに歌を作った子もいました。これは、その一例です。周知の歌での旋律の変奏で短旋法にしたものが少なかったように、自作の歌でも明確に短旋法だと分かる悲しい歌はカナダでも日本でも少なかったのですが、この五歳児の歌では、すっかり食べられてしまった部分で短旋法になっていました。母親がプロの歌手ということもあり、母親をまねて五歳ながらビブラート(音を微妙に揺らす技)を使ったり、聴かせどころでフェルマータ(音を長く延ばす技)をかけたりして、驚くほど音楽的に歌ってくれました。

日本の幼児の実験はある幼稚園で行ったのですが、実験を行った場所には、花をくわえた鳥やくまの絵を貼りました。次は、日本の幼児が目に入ってきた絵をモチーフに歌を作った例です。

◎日本五歳女児「悲しい」

「すずめちゃんがあそんでたら、とべなくってないてました。ひとりがはねをばたばたしてとんでましたが、ひとりのすずめはチューリップをもってとべなくなってました」

実験室の鳥の絵は雀ではなかったのですが、それをすずめと呼んだのは、当時「すずめの兄弟」という歌が流行っていたからでしょう。カナダでも日本でも幼児の自作歌の中には、歌っているというよりもお話をしているものもあり、この子の歌もお話のようでした。しかし、大人にすればお話のように聞こえるものでも、幼児にすれば、歌を作って歌ったものがたまたまそう聞こえるものだっただけで、決して歌う作業をお話にすり替えたわけではありません。歌の中の言葉の部分と旋律の部分を同時に即興で作り歌うというのは、認知的負荷の高い作業です。前述のカナダの幼児二人のように、その作業をなんのためらいもなくやってのける子もいれば、言葉に集中してしまう子もいることが分かります。

歌のモチーフという点では、幼児には自作歌課題の前に行った物語課題で「楽しそうに(または悲しそうに)しているうさぎの絵」を見せてそれについて語ってもらっていたので、自作歌でもう、さぎをモチーフにしたものが一番多かったです。そして、最も典型的な幼児の自作歌は、必ずしも明確な拍子や旋律があるわけではなく、なんとなく歌には聞こえるというものでした。次もそういう歌の例です。

◎日本四歳男児「悲しい」

「かなしいうたがきこえたの。うさぎさんのかなしいの、だよ」

一方、幼児の自作歌でも、既成の旋律に独自の歌詞をあてて歌った、いわば替え歌型の歌もあり、それらは元の旋律のおかげで非常に歌らしいものになっていました。次の例は、実験冒頭の歌唱力チェック課題で歌った「きらきら星」の旋律に独自の歌詞を乗せて歌ったものです。

◎カナダ五歳男児 "Sad"

「かなしいことば、かなしいことば、かなしいことば、かなしい。かなしいことば、かなしいことば、かなしいことば、ことば。……〔以下続く〕」

この歌にも見られるように、楽しい歌なら「楽しい」、悲しい歌なら「悲しい」という、課題として与えられた感情語そのものを繰り返して使った歌詞もあり、それは時にまじないのようにも聞こえました。

◎カナダ八歳女子“Happy”

「ハッピーでいて、ハッピーでいて、ハッピーでいて、ハッピーでいて。なぜって、気持ちよくなるから。だから、ハッピーでいて、ハッピーでいてね！」

まじない的な歌詞は、国や年齢に関係なく見られましたが、詩的で象徴的な歌詞は小学校中学年以上に見られました。

◎カナダ九歳女子“Sad”

「空を見上げると、雲はみんな灰色に見える。西を向いても、東を向いても、南を向いても、そして北を向いても、みんなが外で遊んでいるのが見える。でも、私はここにひとりぼっちで立っている。空をもう一度見上げ、それから下を向く」
◎日本一一歳男子「悲しい」
「ああ、何で別れというものは、必ず来て去っていくものなのか。出会うのは偶然、別れるのは必ずいつかはやってくる。行かないで。心からそう叫ぶ。でも、無駄なことだと分かっても、本当は新しい出会いを探せばいいと分かっても、行かないで、心からそう叫ぶ」

以上、歌詞の特徴を中心にカナダと日本の子どもの「楽しい歌“Happy”」と「悲しい歌“Sad”」を見てきました。その歌詞の内容だけに注目すると、カナダの幼児の方が日本の幼児よりも、それぞれの感情に関係するテーマが明確だったという違いは見られたものの、小学生の感情表現方法に関しては日本とカナダの間に違いはありませんでした。また、課題遂行に要した時間も同じくらいでした。幼児は三〇秒〜二分程度、小学生は平均五分程度と比較的短い時間で、それぞれの子どもが楽しい歌、悲しい歌を即興で歌うという課題に取り組み、自分なりの歌を提供したという点で、両国の子どもの問題解決能力は同じくらいだったと言えるかもしれません。しかし、個人的にどちらの国の子どもによりたくさんの座布団をあげたいかというと、少なくとも幼児と小一については、カナダの子どもの方です。それは、ノウハウに違いがあるからです。
自作歌課題では、「歌を作って歌って欲しい」と教示はしたものの、絶対にオリジナルでなけれ

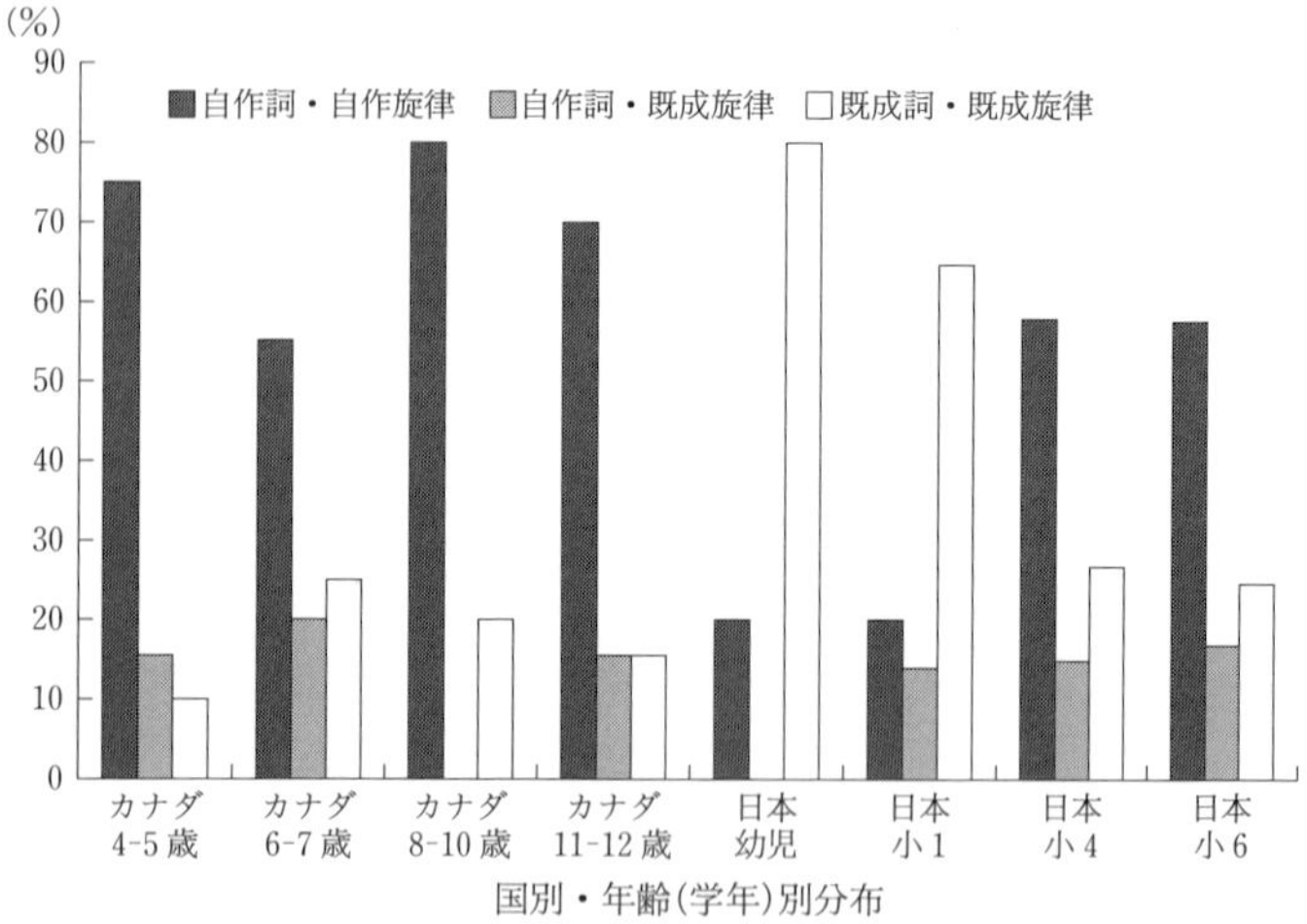

図5-1　カナダと日本の子どもが自作歌課題で歌った歌の種類

ばならないと限定したわけではなく、もしも思いつかなかったら、替え歌でも知っている歌でもよしとしていました。なぜかというと、この実験はもともと創造性を調べるためのものではなく、「嬉しい・楽しいHappy」あるいは「悲しいSad」という気持ちを子どもがどのように歌で表現するかということを調べたかったためです。課題として与えられた感情に、子どもがふさわしいと考える既成の歌を排除しないことで、「歌いたいけれども自分では作れない。でも、こういう歌詞でこういう旋律の歌がこの感情を表現していると思うよ」という声を拾えると考えたわけです。

したがって、自作歌課題で歌われた歌には、「歌詞も旋律も自作」「歌詞は自作で旋律は既成(またはその変奏)」「歌詞も旋律も既成」という、大きく分けて三種類の歌が存在しました。

図5-1は、自作歌課題でカナダと日本の子ど

もがそれぞれの種類の歌を歌った割合を示しています。カナダの幼児の歌では、七五％が歌詞も旋律も自作ですが、日本では幼児の八〇％が既成の歌を歌うという、実に対照的な結果でした。幼児ほどではありませんが、似たような傾向は六〜七歳群(日本の小一)にも見られました。独自の歌を思いつかないなら知っている歌を歌ってもいいよと実験者が言っている以上、既成の歌を歌うのはフェアであり、課題は遂行されたと言えます。しかし、それはあくまでも無難にやったというだけであり、笑い力——遊び心——には欠けると言わざるをえません。

日本の教育にある落とし穴

小学校中・高学年では、歌詞も旋律も既成の歌を採用した割合はカナダと日本とで大差はなかったのに、なぜ幼児と小一には見られたのでしょうか。幼児や小一というと、自発的ソングを遊びの中で歌っているはずの年齢にあります。前項でも紹介したとおり、日々適当な歌を作って歌っているカナダの幼児が実に簡単そうに即興で自作歌を歌ってくれたことを考えると、自作歌の代わりに既成の歌を歌った日本の幼児の場合には、適当な歌を歌う機会よりも既成の歌を歌う機会の方が多いのではないかということが考えられます。

この仮説を検証するために、山梨、広島、鳥取三県の幼稚園を対象に「前年度に日常的に行った保育活動」について質問紙調査を行いました(注)。回答のあった一二七幼稚園のうち、「知っている歌を歌う」ことを毎日行っている園は約七〇％、週一回以上行っている園と合わせると全体の九五%になりました。さらに、「新しい歌を教える」ことも、ごくわずかながら毎日行っている園があり、週一回以上行っている園と合わせると全体の約三〇%であり、残り七〇%の園も月に一回以上は新しい歌を教えていると回答していました。それに対し、「替え歌を作る」「新しい音楽・歌を作る」という活動を行っている園の割合は少なく、「新しい音楽・歌」では七〇%が「まったく無し」と回答し、「替え歌」も月一回以上と回答した園は約五%で、ほとんどが「まったく無し」か「年一回」という回答でした。

幼児が一日の大半を過ごす保育現場において、既成の歌をたくさん歌わせるだけでは、ある意味「歌ってこういうものだよ」「大人が作った歌を覚えて歌うといいんだよ」という、おそらく保育者がまったく意図しなかったメッセージを子どもに与えている可能性があります。自作歌課題において、日本の幼児と卒園したばかりの小一が、適当に歌を作るよりも自分の知っている歌らしい歌を歌うことを選んだ原因の一つは、幼稚園での既成の歌に偏った過剰な歌唱活動にあると私は考えています。

その根拠の一つとして、歌ではなく言葉で感情を表現させた「物語課題」での小学生の様子をご紹介しましょう(ちなみに、幼児を対象とした物語課題では、うさぎの絵を見せてそれについて語ってもらったため参考にはなりませんので……)。図5-2は、カナダと日本の小学生が物語課題で語ったものを「既成の物語に基づいたもの」「自分の体験を語ったもの」「新しい物語を作ったもの」に分類し、その割合を示しています。あまりにきれいな図なので、データを改ざんしたのでは

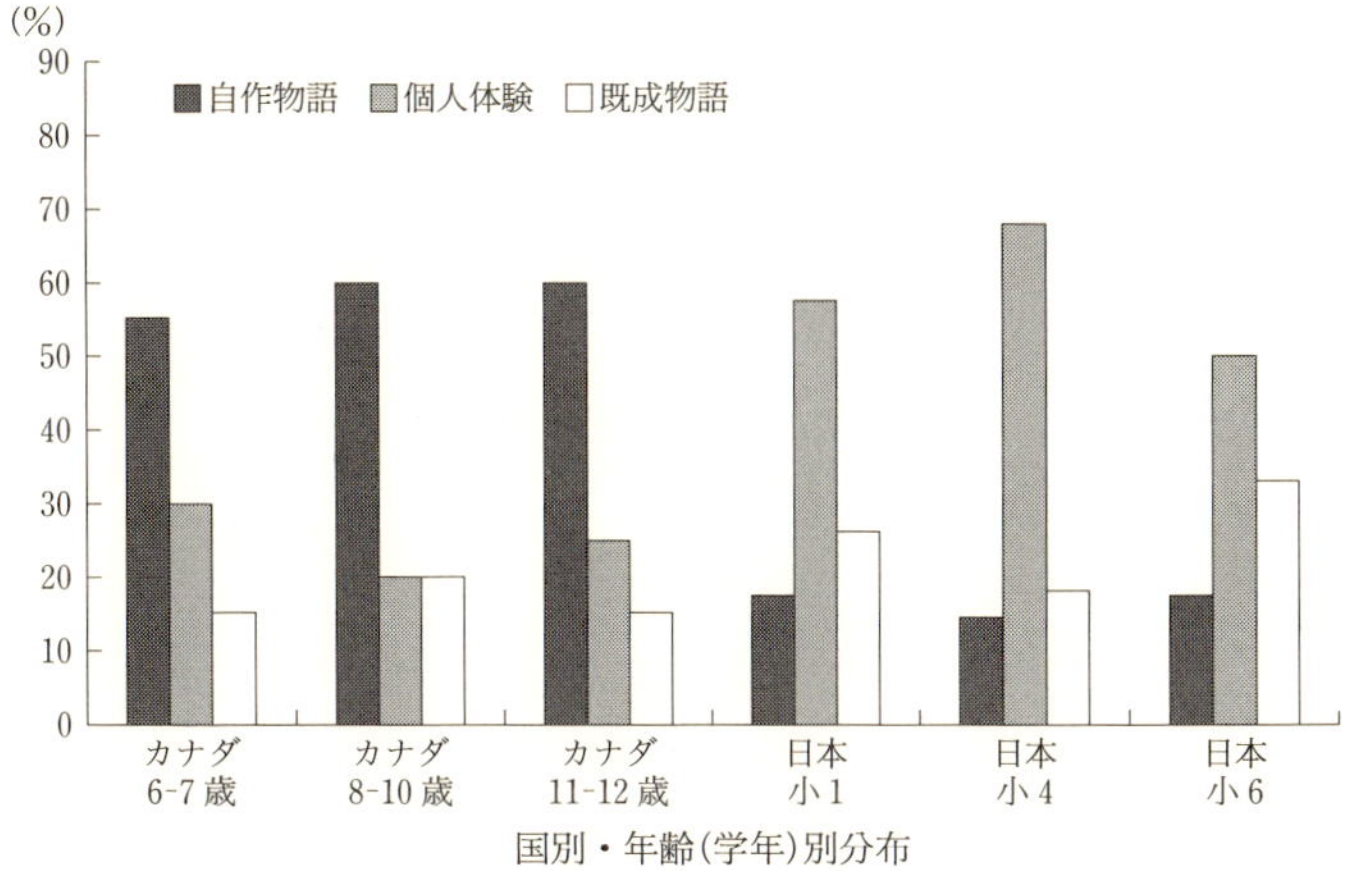

図5-2 カナダと日本の小学生が物語課題で語った話の種類

と疑われる方もいらっしゃるかもしれませんが、そんなことはありません。ここでは、年齢・学年に関わらず、どちらの国の子どもも「既成の物語」について語った子どもは少数派であり、カナダの子どもは「新しい物語」を、日本の子どもは「自分の体験」を語る傾向にあったことが明確に示されています。日本の小学校では、国語の時間に自分のことについて作文を書かせたり、夏休みに日記を書かせたりしますが、離婚等で家族構成が複雑な家庭が多い北米ではプライバシーの観点から、物語創作をよく行います。この結果は、小学校(あるいは幼稚園)において、どういう内容の語りが練習され、強化されているかを反映しています。

前述の一二七幼稚園からの回答に戻ると、「自分の体験を話させる」ことを毎日行っている園は一〇%あり、週一回以上と合わせると六〇%を超え、「お話を作る」という活動は月一回以上行っている園が一〇%、年二回以上と合わせると六〇%になりました。すなわち、幼稚園における音楽での自己表現活動に比べると、言葉での自己表現活動の頻度はずっと高いことが分かります。日本の小一が物語課題と自作歌課題でまったく異なった傾向を示した裏には、「音楽」と「ことば」という二つの表現領域における幼稚園での学習経験の違いがあったと言えます。

日本の幼稚園や小学校では、様々な表現活動が行われます。ここに挙げた音楽や言葉(国語)の他に、図画工作もあるでしょう。これらの中で、既成のものを、なるべく正確に再現するために時間をかけて練習するのは音楽だけです。国語では自分の伝えたいことをうまく表現するために仮名や漢字を練習させることはあるでしょうが、幼児や低学年児童に、誰かの作った物語や詩を覚えさせるなどということは聞いたことがありません。図工でも、見本の絵が使っている筆のタッチを練習したり、工作するための紙の切り方や粘土のあつかい方を練習したりすることはあっても、誰かの作品と同じものを描いたり作ったりすることに時間はかけないでしょう。それなのに、なぜ音楽だけは、既成の歌や器楽曲を子どもが上手に演奏することを推奨するのか？　たった一回のパフォーマンスのために、なぜ何日もかけて同じ歌や曲を練習させるのか？　そうすることによって、少なくとも幼少の子どもにとっては、彼らが本来持っている「歌を通して自己を表現する力」が抑圧される可能性があることを、この機会に知っていただきたいと思います。

四 おわりに

以上、歌うことに対する子どもの「笑い力」と、「歌という言葉」を通じての〈笑〉〈和〉〈話〉術をご紹介しました。音楽に限らず、子どもを対象とした研究での基本は、先入観を極力排除し、あるがままの子どもの世界を理解することです。対照的な感情を一つの歌でどのように子どもが歌い分けるのかを世界で初めて探究したカナダの実験では、子どもが見せる数々の工夫を見落とさずに記録することが、発達研究者としての使命だと考えていました。また、自作歌での感情表現の方も、一〇〇人を超える幼児から小学校高学年までの子どもから、彼ら自身の言葉で、どういうことが楽しいのか（あるいは悲しいのか）ということを実験という場で歌に表現させたのは、やはり世界で初めてでした。本章では笑い力を「課題遂行時の遊び心」と定義しましたが、実際にやってみるまでは何が出てくるのかさっぱり分からないというわくわく感の中で一か八かの実験をやり、結果として一六〇人の子どもから様々な歌のデータをゲットし、興味深い現象を発見したという点で、私自身の笑い力得点は結構高かったなと思っています。

カナダと日本の子どもたちから収集した歌には、本章でご紹介した「自作歌」と「周知の歌の歌い分け」の他に、歌詞を伴わない「自作曲」もあり、分析を通して探究すべきことはまだたくさんあります。カナダでの最初の実験からすでに一〇年以上が経過し、未分析データのことを考えると自嘲するしかありませんが、ライフワークとして地道に結果を積み上げていくことで、いつかは心から笑える日がくることでしょう。

【注】

これらの研究は、平成一一～一三年度科学研究費補助金萌芽研究（No. 11871020）、および平成一四～一六年度科学研究費補助金基盤研究（B）（No. 14310124. 高須一・小川容子両氏との共同研究）の一部として行われました。

【参考文献】

Adachi, M., & Trehub, S. E. (1998). Children's expression of emotion in song. *Psychology of Music, 26*, pp. 133-153.

Adachi, M., & Trehub, S. E. (1999). Children's communication of emotion in song. In S. W. Yi (Ed.), *Music, mind and science*. Seoul, Korea: Seoul National University Press, pp. 454-465.

安達真由美、S・E・トレハブ（二〇〇〇）「情動概念によって引き出される子どもの創造性――創造的音楽づくりへの提言」音楽教育学会編『音楽教育学研究（1）音楽教育の理論研究』音楽之友社、四六―五七頁

安達真由美（二〇〇四）「音楽で自己表現する「芽」をもって生まれる子どもたち」『初等教育資料』七七九号、五六―五九頁

Adachi, M., & Trehub, S. E. (in press). Canadian and Japanese preschoolers' creation of happy and sad songs. *Psychomusicology*.

第六話　笑いの日本美術史
――笑う人、笑われる人、そして絵を見る私たち

鈴木幸人

これから、皆さんと一緒に、日本の美術作品の中に「笑い」を探していきたいと思います。といっても、あらゆるジャンル、作品に目が届くわけではありません。私は、美術史でも、日本のいわゆる古いところを専門にやっていますので、おのずとそのあたりが中心となって、ごく限られたサンプルからのお話になろうかと思います。残念ながら、「題目に偽りあり」で、笑えない話です。

それでもせっかくの機会ですから、ちょっとした目論見はありまして、まずは日本美術史にあらわれる「笑い」はどんなものなのか、それはどのような物事とつながっているのかが、私の念頭にはあります。ともかく、以下のお話の構成について。

マクラ　笑いの絵の三題話　――三笑、一笑、鳥獣戯画
一　笑う人々　――笑いに求められたもの
二　笑われる人々　――笑いが誘うもの

三　笑い絵　　　――何を笑うのか

オチ　笑いと絵画から見えるもの

この構成、一見して明らかなように、お話の骨子を考えたのが、NHKのTVで毎朝、落語のドラマをやっていた頃でした。落語の趣向でいこうということです。そして笑いのありようを探ることで、日本絵画のありようの一端が見えてきはしないか、との目論見なのですが、さて、そううまく運ぶかどうか。

それぞれの概要を示しておきます。

マクラ　「笑いの絵の三題話」では、肩慣らしに「笑い」にまつわる三つの画題を取り上げます。「鳥獣戯画」はおなじみの蛙と兎の登場する絵巻物ですから取り上げる意図は分かりやすいでしょうが、「三笑」、「一笑」は、それらが何か分かりますでしょうか？

一　「笑う人々」では、仏様、仙人、文人などの絵画に登場する人物の笑いに注目し、笑いに求められたものについて考えます。また笑う肖像画についても触れてみます。

二　「笑われる人々」では、「病草子」や「勝絵絵巻」など、中世の絵巻の登場人物たちの、笑う・笑われる関係から、絵画を見る私たちも巻き込んだ絵画世界の構造について考えてみます。

三　「笑い絵」では、「春画」が取り上げられます。現代ならさしずめ「R-18指定」（映画で一八歳未満の鑑賞禁止の意）の絵で、大学の講義ではちょっとはばかられるところですが、別名を「笑い絵」というのですから避けては通れません。何を笑うのかが問われます。最後にうまく「オチ」るかどうかは別にして、笑いの絵画から進めて、絵と絵を見る人々(＝私たち)との関係について、私見を述べてみたいと思います。

＊

では、肩慣らしの「マクラ」から。

まず、「笑い」と「数字」が関連する画題から紹介しましょう。

はじめに、お笑い芸人が「阿呆になる」というのが流行った「3」。

「三笑」、これは「虎渓三笑」の故事です。中国・東晋時代の僧、慧遠は、廬山に隠棲しており、訪ねてきた客人を見送るときも、山の下にある虎渓の小橋をこえることがなかった。ある日、陶淵明と陸修静を送って、道中話が弾み、遠くから聞こえる虎の鳴き声で我に返ると、いつの間にか虎渓の小橋をこえていて、三人は大いに笑ったというエピソードです。これが示すのは、「三教一体」。つまり陶淵明(＝儒教)、慧遠(＝仏教)、陸修静(＝道教)、「儒仏道」が融合する唐代以降の思潮を示すものとして広まった説話なのです。

私はこの笑いに、様々なこだわりを捨て去る悟りの境地、それはある種の聖なる境地と言ってよいと思われますが、「笑いと聖性の連関」を認めることができるだろうと思います。

「虎渓三笑」を描いた作例は、たくさんあるのですが、曾我蕭白筆「虎渓三笑図屏風」(一八世紀、米国・ボストン美術館所蔵)、また同じく曾我蕭白「虎渓三笑図」(千葉市美術館)など、曾我蕭白の作品が

図 6-1　曽我蕭白「虎渓三笑図屛風」(18 世紀，米国・ボストン美術館)
出典）狩野博幸編『日本の美術 No. 258　曽我蕭白』至文堂，1987 年

面白い(図6-1、図6-2)。前者はよくあるものですが、後者は視点を引いて大観の中に三人の姿を小さく描きまして、自然に比べての人事の微小さを暗示するようで、他に類が少ないこともあって、覚えておきたい作例です。

次に、数を減じて「一笑」。こちらは、駄洒落のような、しかし中国、そして日本で古くから大事にされてきた「吉祥図案」のひとつです。『吉祥図案解題』という著名な本がありまして、これをめくっていると本当に楽しいのですが、その解説に、「一笑」＝「竹下狗子」とあります。どういうことかと言いますと、「笑」の漢字を分解します。すると「竹かんむりにイヌ(夭・犬)」。これは漢字の語呂合わせみたいなもので、「謎語的

図6-2　曾我蕭白「虎渓三笑図」(18世紀，千葉市美術館)

出典）図6-1に同じ

画題」の吉祥図案です。

ちょっと脱線しますが、他にも以下のようなものが有名です。例えば、少々気味の悪い動物であるコウモリ。しかし「コウモリ(蝙蝠)」の字は「福」に音が通じますから吉祥となり、中国の図案や絵画にコウモリが描かれる理由となるのです。某カステラ屋さんの商標に使われているのをご存じでしょう。またサルがハチを捕まえようとする図というのもあるのですが、これはサル(以下の理由で「猿」ではなくて「猴」でなくてはいけない)が「侯」(封建時代の領主を表す)と通じ、ハチ(蜂)が「封」と通じて、ハチを捕らえようとするサル、つまり「蜂猴」は「封侯」という意味にな

図 6-3　長沢芦雪「唐子狗子遊戯図」(18 世紀)

出典）千葉市美術館・和歌山県立博物館編『没後 200 年記念　長沢芦雪』日本経済新聞社，2000 年

る、等々。いくらでも続きます。

話を戻して、この画題（一笑）に関連して、長沢芦雪の「唐子狗子遊戯図」があります（図6-3）。意味を知らなくても子供たちと子犬が遊んでいる可愛らしい情景ですが、もうその意味や趣向もお分かりですね。芦雪得意の唐子遊図と合わせた「一笑図」からの展開です。だから、左幅の植物は松でも梅でもなく、「竹」でなくては面白くないのです。この趣向がこの絵の味噌です。

三つ目は「鳥獣戯画」。

言わずと知れた「戯画」の代表格ですが、ここで重要なのは、

図 6-4　「鳥獣戯画」(12 世紀，京都・高山寺)

出典）辻惟雄編『日本の美術 No. 300　絵巻 鳥獣人物戯画と鳴呼絵』至文堂，1991 年

「をこ絵」「鳴呼絵」と呼ばれる一群の絵画の系譜があるということです。「をこ」は、「おろか、ばか、たわけ」という意味ですが、例えば、擬人化されたウサギとカエルの相撲の場面であったり（一二世紀、図 6-4）、坊さんの首引き遊びの場面であったりします。たいへんユーモラスで文句なしに面白いのです。現代の漫画のルーツだ、などと言われることもあります。

ただし今日は、ちょっと知的にというか、斜に構えて行きたいので、その主役たちに注目するだけではなくて、主役たちのまわりの、いわば脇役で、笑う人々（というか、笑うウサギとカエル）に注目してください。この脇役たちが主役たちの行動を笑っていることでこの場の情景が生き生きとしてくるのみならず、意味を獲得していくことが分かります。この関係に注目することで、絵画と絵画を見る人を媒介する働きが見えてくると思われます。

一　笑う人々――笑いに求められたもの

日本美術史をさかのぼって、その主題として、笑っている人、笑顔といって、まず思い出されるのは、「仏様」たちです。

例の「アルカイックスマイル」、有名な「広隆寺　弥勒菩薩半跏像」（七世紀前半）などが代表的な作例です。これらは笑いといっても、大笑いや哄笑ではありません。有るか無きか、すぐにはそれと認識できないかもしれない、微かな笑い、微笑、この笑いは、見ている私たち（同時に微笑みかけられるわけですが）の心を、すぅーと静める働きと言えると思います。

この「微笑」については、仏教の伝授にまつわる有名なエピソード、「捻華微笑《ねんげみしょう》」を思い起こさねばなりません。釈迦が霊鷲山で弟子たちに仏法を説いたとき、黙って蓮の花を捻って見せると摩《ま》訶迦葉《かかしょう》だけがその意味を悟って微笑んだので、釈迦は彼だけに仏法の真理を授けたという故事です。ここでの笑いは、仏の悟りの境地を示すとともに、その伝播、継承に重要な役割を果たす媒介と言えると思います。

つづいて、初期水墨画に見られる「道釈人物」たち。「布袋図」、「蜆子和尚図」、「四睡図」などですが、初期水墨画、禅画の好画題で、いずれも禅の悟りの境地を象徴する笑いと考えられます。近世の水墨人物画にも引き続いて描かれることになりますが、先ほどのお釈迦様に比べて、ちょっ

図6-5　曽我蕭白「寒山拾得図」(18世紀，京都・興聖寺)

出典）図6-1に同じ

と不気味な感じのする笑いでもあります。しかしこの不気味さは、俗世との精神的な距離を示すものかと思われます。ふつうじゃない、ということです。

その代表は「寒山拾得」でしょう。彼らは唐代の僧で経巻を持つのが寒山、箒を持つのが拾得です。数々の奇行で著名ですが、先に挙げた「四睡図」で虎と眠る豊干の弟子であって、寒山は文殊菩薩の化身とも言われます。ここでも曾我蕭白「寒山拾得図」(一八世紀、図6-5)を挙げましょう。いかにも浮世離れした姿、不気味でグロテスクな表情ですが、それは、その笑いは、何ものにも囚われるところのない精神のありようがこの表情を生むのだろうと考えられます。

ただしこの精神のありようは、先述のお釈迦様に見られた聖なる笑いとは、一線を画すように思われます。あえて言えば、何かを私たち見る者に与える微笑ではない。その人の中で閉じた精神のありようのように思われます。彼らは、私たちが修行して到達したい存在、目標としての自立的な精神のありようと言えるかもしれません。

おそらく近世になると、そうした目標としての精神のありようというものも失われて、奇怪な存在に重点を置くものとしての道釈人物像になるのではないかと思われます。そうした目標としての人物(何ものにも囚われない精神のありようを象徴する)は、近世後期の文人画家たちにとっては、寒山拾得のような道釈人物ではなく、中国の文人たちにシフトされたと思われます。すなわちこの系譜は、文人画の登場人物たち、そして、笑う肖像「木村蒹葭堂像」などに引き継がれていったと言えるでしょう。

「寒山拾得」の表情に関して余談を少々。

藤原鎌足にゆかりの奈良・多武峰談山神社の旧慈門院障壁画は、一八世紀の文人画家(彭城百川)による本格的な襖絵が伝えられる貴重な作例です。玄関には天台山図があり石橋の上に牡丹をつけた獅子が描かれます(図6-6)。その獅子の表情は、百獣の王の威厳ではなく、どこか笑いを含んだようなユーモラスな表情ですが、目や鼻の造形感覚が、狩野山雪の描く寒山拾得の顔(図6-7)に似ていると思えませんか。寒山は文殊菩薩の化身と言われ、獅子は文殊菩薩の乗る動物ですから、寒山と獅子にはつながりがあるのですが、笑いの表情に不気味さを含むことで、私たちがいる、今の、この世とは違う「異界」の存在を表す記号となっていると言うことができるだろうと思います。

閑話休題。もう少し宗教美術の笑いに触れておきます。

例えば、「舞楽面」の数々。舞楽は聖なるものの芸能と言うことができましょうが、芸能と笑いの関係は、『古事記』の有名なエピソード、天宇受賣命《アメノウズメノミコト》以来です。ご承知のとおり、このエピソードには、笑いと二つの「せい」、すなわち「聖」と「性」の両方、その関係を認めることができます。「面」のつながりでいけば、中世以来の能楽、その重要な「翁」の面も笑っている顔として表現されます。

近世では、こうした聖なる笑顔は、「木喰仏」「七福神」など、庶民に受け入れられたものが思い起こされ、どちらかと言えば、造形史の本流よりは傍流に追いやられているように感じます。それ

図6-6　彭城百川「天台山図」(部分，多武峰旧慈門院)

図6-7　狩野山雪「寒山拾得図」(部分，17世紀，京都・真正極楽寺)

出典）土居次義編『日本の美術 No. 172 山楽と山雪』至文堂，1980年

らは、いずれも、古代以来の土着の信仰あるいは、その近世庶民における表れとして、文化の基層を示すものであるからかもしれません。そうした状況を表すのでしょうか、天神様、菅原道真公の像にも笑いが組み込まれることもあるようです。ふつう、菅公は怒っていますから、「真逆」なわけですが、庶民信仰のバイタリティ、融通無碍なあり方を示すものと言えるでしょう。

＊

その他にも日本絵画史に、「笑う人」を探してみましょう。

例えば中世の「絵巻」には笑う人物の案外と少ないことが分かります。また洛中洛外図や祭礼図、遊楽図などの「近世初期風俗画」と言われるジャンルは、さぞかし笑いに満ちた絵画であると思われるかもしれません。たしかに、享楽の笑い、しばしば言われるように、憂世を浮世にといった感はあるのですが、実のところ、画面に哄笑があふれているかと言えばそうではありません。かえって、近世後期に隆盛する文人画に、笑う人々が多いのは、先述したところですが、これは理想の境地を表すものとして描かれると考えたいところです。文人画の笑い、そこに哄笑もなくはないですが、より好まれるのは自然と笑みがこぼれる境地ではなかったかと思います。それは理想郷に住む人々の理想的な笑いであって、風俗画とは異質な笑いであって、あえて言えば道釈人物画の笑いを引き継いだもののように思われます。両者はともに、今ここではない時と場所にある理想、その象徴としての笑い、そうなりたい境地を表す笑顔だからです。

ここまで取り上げた仏様や仙人、禅僧の微笑や笑い、それは悟りの境地、理想とする憧れの状態を示す記号であったと思われますが、その系譜はおそらく、近世には文人画に、そこに登場する中国文人たちの表情に、それこそが日本の文人たちの憧れの世界であったわけですが、そこに居場所を定めることになったのであろうと思われます。

絵画に描かれる笑う人は、そのジャンルが変わっても、聖なる存在であり、私たちの世界とは違う場所にいる、だから憧れの存在であり、笑いはその記号でありつづけた、そのことに違いはなかったのではないか、今のところそんなふうに考えています。

この節の最後に、「笑う肖像画」を紹介しなければなりません。なぜなら、ついに、身近な人が笑う人として描かれるようになるからです。谷文晁筆「木村蒹葭堂像」（図6-8）。笑う肖像画としては、画稿ならば渡辺崋山筆「笑顔武士像稿」が知られていますが、完成作の肖像画で像主が笑っているのはほとんどありませんから、この蒹葭堂像は貴重な作例と言うことができます。蒹葭堂は、近世後期の大坂の文人、知識人、博物学者です。その人を象

図6-8　谷文晁「木村蒹葭堂像」(19世紀，大阪府教育委員会)

出典）河野元昭編『日本の美術 No. 257 谷文晁』至文堂，1987年

徴する姿が、この笑いであったというところに、私はたいへん興味を感じます。この節、仏性に始まった笑いは、仙人たちを経て、中国の文人たち、と確かに段々と身近になってはいるものの、いずれも、今、ここ、とは違うところの存在の象徴であったように思われます。蒹葭堂は、実在の人物で、画家(谷文晁)とはよく知った仲でした。谷文晁(および当時のこの肖像画を受けとめた人々)は、蒹葭堂の笑いの中に聖性を見ていたのかもしれません。逆に言えば、聖性のあり方が、実際の人物に転じてきた時代として、近世を想定することができるだろうということでしょうか。

繰り返しになりますが、以下のことを確認しておきたいと思います。

笑う人は日本絵画史にそう多くいるとは言えない。その中でここまで取り上げてきた笑う人はその作品のいわば主役たちでしたが、その笑いはそれぞれにいわば聖なるものとして受けとめられてきた。

次の節では、その場の主役が笑うのではなく、まわりの人々が笑っている、そんな情景を見ていきましょう。

二　笑われる人々――笑いが誘うもの

その場面での主役たちは真面目、真剣なのにまわりで笑っている人たちがいる。

そうした作例から「病草紙」(図6-9)、「勝絵絵巻」(図6-10)を取り上げます(実は次節で取り上げ

図 6-9　病草紙(ふたなり)(12 世紀，京都国立博物館)

出典）小松茂美編『日本の絵巻 7　餓鬼草紙 地獄草紙 病草紙 九相詩絵巻』中央公論社，1987 年

図 6-10　勝絵絵巻(陽物比べ)

出典）図 6-4 に同じ

る「春画」以上に「R-18」なのは、こちらかもしれません)。

「病草紙」は、様々な奇病の症例や治療の滑稽譚を集めて絵巻物に仕立てたもので、一二世紀後半の制作。人道苦相の表現として、「六道絵」の一部との説もありますが、病気にまつわる説話的興味からの制作と考えられています。その絵画としての質と言いますか、画品はきわめて高いもので、高位の人たちの間で鑑賞されたことをうかがわせます。

その「のぞき趣味」的とでも言いたい状況が今日のテーマでは大事です。病気の本人たちは真面目な(というか多くの場合困っている)のですが、まわりの人たちが「笑う」からです(かかる状況は現代の意識からは甚だ不適切な問題があるとは思いますが、歴史的な資料として見てください)。そして、そのまわりの人の動作表情を見て、私たちも件の病を見せられることになります。

また「勝絵」とは、勝負事、競技を描いた絵のことですが、滑稽、諧謔の要素の強いものです。原本は一二世紀の制作、室町時代の模本が残されています。

取り上げたい場面は前半の「陽物比べ」です。本人たち、すなわちその競争の出場者ですが、彼らはいたって真面目な表情なのですが、周りの人たちは公卿も稚児も笑っています(これは「鳥獣戯画」の相撲と同じ構図と言ってよいでしょう)。

私たち絵を見る者は、笑っている彼ら脇役の視線に導かれて、情景の中心的な部分へ誘導されます。ここでは私たちの視点は、男性の「陽物」(R-18ですが、あしからず)に導かれます。一瞬、まぁなんと○○な……、とドキッとします。で、どう反応すればよいか、ドギマギ、とまどうことになりませんでしょうか。そのときどうしたらよいかを教えてくれるのも、またまわりの人々です。端的に言えば、笑えばよいのです。彼らとともに。

これは絵巻物によくある手法ですが、絵の世界と絵を見る私たちの関係を示しています。私たちは、絵を見ています。主役も脇役も、その他も含めての場面の全体を見ています。しかしその場面の内部では、脇役が主役を見ている。もう少し言えば、主役は脇役に見られることで初めて主役になる。そしてその全体を私たちが見ている。どんな風に見ているか？――脇役に導かれて、脇役の動作、表情、そして気持ちに共感しながら、見ている。私たちが絵を見るときには、こんな構造があるのではないでしょうか。あたりまえのことをくどくどしくと思われるかもしれませんが、ここに絵画の世界の大切な構造があるように思われるのです。ここが私の言いたい、絵画と見る者との関係なのです。

こうした「笑う、笑われる」関係に注目して他の作例を見ておきましょう。

例えば、「絵師草紙」(図6-11)。この主役(絵師)の昇進を喜ぶ家族の笑顔は、まことに微笑ましいものと言えます。私たちも一緒に喜んであげたくなる。しかし、次に「福富草子」(図6-12)、その「放屁芸」(この下品で滑稽な芸で富を築く男が主役)を披露する場面ではまわりに大勢の人々がいて笑っている。この人たちの笑いはちょっと蔑んだ笑いのように思える(でもこの笑いが彼に富と名声をもたらすわけで、芸能の世界の構造は今も昔も変わらないことがわかります)。そして私たちもまわりの人々と同じように振舞うでしょう。また「百鬼夜行図」(図6-13)の鉄漿をつける妖怪、

図 6-11　絵師草紙(14 世紀，東京・宮内庁三の丸尚蔵館)

出典）小松茂美編『日本の絵巻 11　長谷雄草紙 絵師草紙』中央公論社，1988 年

図 6-12　福富草紙(15 世紀，京都・春浦院)

出典）『日本絵巻大成 25　能恵法師絵詞 福富草紙 百鬼夜行絵巻』中央公論社，1979 年

図 6-13　百鬼夜行図(15 世紀，京都・真珠庵)

出典）図 6-12 に同じ

それを覗き見る妖怪たちの笑い。これになると嘲笑でもあろうが，「覗き見る」という行為に興味が惹かれます。笑っている人(というか妖怪)は，一応，笑われている人(妖怪)からは見えないという設定になっている。私たちも覗き見る，見てはいけないものを見るという，ちょっとした罪悪感とスリルと興味を味わうことになる。

今挙げました三つの例は，笑う，笑われる関係としては同じですが，笑う人と笑われる人の関係のレベルが違う，このレベルの違いが重要だと思います。

＊

もう少しこの問題を進めてみたいと思います。

絵画の登場人物に共感する，そこまでいかなくても登場人物と同じような動作をするということは，しばしばあるところです。

例えば，「山水画」に点景として描かれる人物。旅をしている場合が多いですが，絵を見るとき私たちの視線は彼らをまず見る。そして大自然の中での人間の小ささとでもいう感慨を持ちますけれども、それに続いて、私たちは、彼らとともに画中を旅する。もう少し言えば、彼らとともに旅をしている自分に気づく。私たちは彼らに誘われて画面の中に入っていったのです。画面の様々な景物は、この場合、画面の中で見られるものとして描かれるのではないか、視点は画中にあるということが想定されます。山水画を現代の感覚で見るときの違和感、すなわち画面の外から見ている場合に不合理に思える景物の形態や関係は、視点を画面の中に据えればにわかに整合性をもって立ち現れてくるかもしれません。

また例えば、「李白観瀑」という画題に代表される「観瀑図」、すなわち瀧を見る人物の図。山水図の一齣《こま》の場合もあり、それだけで独立した画題になることもありますが、ここでは主役(例えば、李白)とともに、私たちも、瀧を見る。瀧を見ることで絵の世界に入り、絵の中の人物になる(描かれてはいませんが)。また東洋の絵画ではしばしば「臥遊」ということが言われます。横になりながら風景画などを見て、その地に遊んでいるような楽しみを味わうことを言いますが、絵というのは居ながらにして別天地へ旅するための仕掛けであるわけで、そういう働き自体は山水画、物語・説話画の違いをこえて認められると考えたいところです。

先ほど画中で瀧を見る人(李白)を主役と書きましたが、この主役はすぐさまその座を明け渡すことになります。なぜなら、私たちが絵を見るとき(もう少し詳しく言うと絵を見始めるとき)には、確かに彼(李白)が主役でした。まず私たちの視線が向けられるのは彼だからです。しかし彼とともに瀧を見る、このとき、私たちは絵の中に入る。すると、こう言ってよければ、絵画の中で瀧を見るというその行為そのものが主役になるのであって、李白ではないということになる。主役と見えて実は、誘い手であった。これは大事な点であろうと思います（しかし、絵の鑑賞は、私たちが絵の中に入ることによって終結するものではない、その絵の外へ戻る自由もあるわけですから。ただし元の場所に戻るかどうか。別次元が用意されているだろうと思いますが、このあたりは別に稿を改めて論じなければならないでしょう）。

いずれにせよ、殊ほど左様に、人物の動作、表情に誘われて絵に入っていくのが、日本ないし東洋の絵画、特に山水画の一つの大きな特色と言えるでしょう。

一方、絵の中にまでは入っていかないやり方もあるだろうと思われます。「眺め型」ないし「覗き型」と私は呼んでいますが、あくまでも絵の世界は自分たちの世界とは違うものとして共感しつつ眺める仕方があるように思われる。例えば、この節で取り上げた笑いに関わる絵画、先ほどの三つの例などは、この考え方に従うと、私たちが画面の内部にまで入り込んでいるとまではいかない、絵画の世界を外の世界から眺めているように思われますので、この「眺め型」「覗き型」に分類すべきかと考えています。

そして、こう見てくるとき、「春画」は興味深い視点を私たちに与えてくれるように思われます。以下、春画と笑いについて見てみましょう。

三　笑い絵——何を笑うのか

「春画」が、江戸時代に流行した性風俗、おもに性交場面を描いた浮世絵であることはご承知のとおりです。それをここで取り上げる理由は、その呼び名にあります。春画は、別名を「枕絵」、「枕草紙」、「秘画」等と呼ばれますが、これらの呼び名は理解しやすい（そもそもこの話のはじめが「マクラ」だったのも、実は、とお気づきいただけたでしょうか）。しかしさらに春画は、「笑い絵」や「ワ印」（笑いの「ワ」）とも呼ばれます。

性と笑いの関係や如何、知りたいところです。よく言われるのは、春画にはしばしば書き込み（登場人物の台詞等）があり、その内容はもちろんその手の話なのですが、滑稽味のあるものであって、春画は全体として面白みを求めたものであるという説もありますが、この呼び名の由来についてはいまだ定説を見ないようです。

さてここでは、鈴木春信「風流艶色真似ゑもん」（図6‐14）を取り上げたいと思います。春画の重要な特色である「覗く」という点が前面に出ているからです。

「風流艶色真似ゑもん」は、武士の浮世之介が仙人の秘薬で豆のような小男に変身し、真似ゑもんと名乗って、色道の奥義を求めて諸国をめぐり、各地で様々な情事を覗き見る（身体が豆ほどに小さくなっていますからどこでも自由自在に入り込め、覗けます）物語です。

図 6-14　鈴木春信「風流艶色真似ゑもん」(18 世紀)

出典）早川聞多『春信の春，江戸の春』文春新書 274，2002 年ここでは、真似ゑもん氏は、主役と言ってもよいですが、前節で紹介したあり方、すなわち脇役に導かれて、私たちも、脇役と一緒に主役たちを見る、という構図でもありますから脇役とも言える。すなわち脇役は私たちの代表でもある。しかし、ここで真似ゑもん氏は、主役たちからは見えない存在です。百鬼夜行図の覗き見する妖怪と同じでもある。あの妖怪たちは、私たちにとって、笑われている方も笑っている方も、両方、文字どおり同じ穴の狢で、笑いの対象になるものでもありました。とすると、私たちは、ここでも、真似ゑもん氏と共犯で覗き見て、情事の様子を笑うのだけれども、同時に、その真似ゑもん氏の行為も可笑《おか》しなものとして笑っている、そのことに気づくことになるのではないでしょうか。ここには重層的な、視線の交錯があるように思われるのです。

ここまで確認しておいて、以下、早川聞多氏の見解（『春信の春、江戸の春』）を紹介したいと思います。

春画は男女の性愛秘戯を描くものであって、その形式は浮世絵（版画）、そして江戸時代の呼称に「笑い絵」、艶本、会本、咲本、ワ印、「おそくず」の絵などと言う。これはすでに述べたところです。春画に共通する特色として重要なのは、男女の「顔」と「性器」が主要な描写対象となっていること、それらの描写は必ずしも写実的でなく、とくに後者がデフォルメされ大きく描かれること、と言えます。

ここからが早川氏の鋭い指摘なのですが、顔と性器とが主題であるということは、つまり人間の「社会性の表裏」を象徴しているのだ、と言います。そして「性」の絵が「笑」の絵と呼ばれるわけですが、ならば春画を見て何を笑うのか？　と問います。

――春画を見て何を笑うのか。

――それは春画を見ている自分自身を笑うのである。

春画の登場人物は身分の高い人ではなく庶民(絵を見ている自分と同じ)であり、身分の高い人に対してならば「風刺的」な笑いになるはずだが、春画の場合はそうではない。つまり、春画の志向する笑いは、強者の仮面を剝がして可笑しがるのではなく、人間誰しもが持つ「裏」の実状を直視して、各人がひとり密かに微笑む自笑、と言うべき微妙な笑いである、とされます。また春画を見て気楽に笑う江戸人は、自分自身を気楽に笑える人々、と言える。逆に言えば、自分自身を笑えぬ者は、表裏一体の人間の真実は知りえぬ、と春画は語りかけてくる、とされるのです。

これは私には、文字どおり目から鱗の落ちる思いでした。白状すれば、これまで述べてきた話のスタートは、実はこの指摘にある、という方が事実に近いと言わねばなりません。

私も、この点が「笑い」の重要な意味ではなかろうかと思います。

もう一度正直に申し上げて、ここで言われる自分自身を「笑う」についての議論は、まだ十分には理解できないところもありますし、当然ながら若輩の私にはまだ実行できません。おそらくまだまだ修行が足らないのだと思います。ですので、一人前の大人になるために、明日からもっと「春画」を見ます(笑)。

オチ　笑いと絵画から見えるもの

笑いと絵画との関係を考察し始めて、笑いに誘われて、はからずも、その絵画と絵画を見る私たちとの関係に至りました。

絵画に描かれた笑いは、いずれもある「関係」を示しているように思われました。笑う笑われる関係であり、そこから生まれる関係でもあります。そしてそれは、絵画を語る場合にしばしば言及されるところの「見る、見られる」関係と、軌を一にする、少なくとも密接な連関があるようにも思われるのです。

これまでの検討をまとめておきます。

一の笑いは、いずれも聖性を象徴するものとして描かれるものであって、絵の中から笑いが私たちを笑う、私たちはその主体に見られると同時にその笑いを憧れをもって見ている。これは「見られる笑い」、私たちが見ていたのは、その笑いでした。

二は、笑う笑われる関係が描かれる絵画であって、私たちは脇役とともに主役を笑う。しかし、山水画のようにその絵画世界へ入っていくことはせず、あくまでもそこで繰り広げられる、笑う笑われる関係を共感しつつも客観的に眺めて覗いている。私たちが見ていたのはその関係でした。

三は、絵画内の世界を笑うのだけれども、そうしている自らをも笑う。真似ゑもん氏は二における脇役でありつつ、そして、私たちに笑われる役割も引き受け、しかし私たちは真似ゑもん氏と同体でもあって、自らを笑わねばならない。笑いをめぐる視線は、あるいは放たれた笑いの矢は、自らを射抜かねばならないところまで来たようです。

しかし、結局「オチ」たのは、私の目の鱗だけで、ここまで辛抱強くお読み、お聞きいただいた皆さんには、まことに申し訳なく、「もう一度勉強し直して」参りたいと存じます、とこれは禁じ手かもしれませんが、ともかく落語の趣向でサゲさせていただきます。多々お目まだるき点、なにとぞ、「笑って」お許しください。

【付　記】

本章は、「笑いの日本美術史」と題して、北大文学研究科・平成二〇年度公開講座の一つとして平成二〇年七月二日(水)に行った口述内容に基づき改訂補筆したものです。

なお、同講座での講演およびこの章をまとめるにあたって、多くの図録や図版類を参照しましたが、拠るところが大きかったのは、福島県立博物館編『笑いの想像力』(同館展覧会図録、二〇〇三年)、『日本の美学』二〇号　特集「笑い」(ぺりかん社、一九九三年、とくに安村敏信「笑う妖怪女たち」)、早川聞多『春信の春、江戸の春』(文春新書、二〇〇二年)です。いずれもご関心の向きにはご一読をお勧めします。

第七話　呼び名・呼び方あれこれ
――日中の比較文化史

高橋芳郎

一　はじめに

おじさん、おばさん、いとこ、おい、めい、ちょうなん、すえむすめ、といった親族呼称の他に、あだなや通称など呼び名・呼び方には多くのものがあります。また地方によって、時期によってもいくつか変化があります。私の故郷である宮城県の県北地方では、かつて「おれたち」とは言いましたが「おれら」とは言いませんでした。大学に入って仙台の人々が「おれら」と言うのを聴いて奇異な感じがしたことを覚えていますが、私の故郷でも最近の子供たちは「おれら」と言うのだそうです。

さて、私の専門は宋代を中心とした中国史ですが、中国でも呼び名・呼び方はきわめて多種多様で、『称謂詞典』などを見ますと、よくもこれほど、と思うほど多くの呼び名・呼び方があります。日中共通の漢字なのに意味が違うとしてよく知られているのは「老婆」ですね。これは中国では「妻」をさします。また「娘家」というのもあります。これは「むすめのいえ」ではなくて、お嫁さんから見た「実家」を意味しています。

このような同じ漢字ながら意味が異なるものだけでなく、ある種の呼び名・呼び方は当然社会構造の違い、文化や価値観の違いをも反映しています。例えば冒頭に挙げた「おじさん」。わが国では「これは私のおじさんです」と紹介されても具体的にどういう関係の「おじさん」なのか分かりません。母の兄弟も父の兄弟もみな「おじさん」です。ところが中国では「叔父」と言えば父の弟、「舅父(舅舅とも)」と言えば母の兄弟と特定されます。同じ「おい」でも、自分の兄弟から生まれた「おい」は「侄児」と言い、姉妹から生まれた「おい」は「外甥」と言って区別されます。

それでは、なぜ中国では親族間の具体的な関係を呼び方に反映させ、わが国ではそうしないのでしょうか。このことを手がかりに、その背景にある日本人と中国人の価値観の違い、ないしは日中の文化や社会の相違を少し考えてみようというのがここでの主題です。何かと問題が多い日中関係ですが、異文化を理解することは相手に対する怒りや不満を「笑い力」に変える、と言えばこじつけが過ぎるでしょうか。

二　文化の違い

「中国文化とは何か」「日本文化の特質とは何か」「中国と日本の文化の違いとは何か」といったふうな問題を立てますとどこまでも広がって収拾がつかない大問題になってしまいそうですが、そこは同じ人間ですから中国人に限らず世界中の人々と私たちとに共通することはたくさんあります。それに「文化」というものをそれほど大きく深刻に考える必要もさしあたりありません。例えば、日本人は箸を横向きに、つまり体と平行に置きますが、中国では縦向きに、つまり体と垂直に置きます。これが文化の違いですね。また例えば、中国では友人同士や家族が食事をするとき、その中の誰か一人が支払いをします。割り勘はまずやりません。次の時は別の一人が、その次の時はまた別の一人が支払い、結局一巡すれば毎回割り勘したのとほぼ同じ結果になるのですが、それでも割り勘はしません。また私たちと違って二次会にも行くことはありません。「二次会に行こう」と言うことは、勘定を支払った人のもてなしが不十分であったと言うことと同じで、その人のメンツをつぶすことになるからです。これも文化の違いと言っていいでしょう。

こういう事例はかなりたくさんあります。少し長期に中国で生活すれば誰しもが体験できますが、最後に逆のケースを一つ紹介しましょう。私の知り合いの宋代史を専門とする中国人の学者が一九七〇年代に来日して東京在住の著名な日本の宋代史の先生のお宅を訪問した際に、奥様が玄関先で座って膝を折り深々とお辞儀をしたのを見てたいそう驚いた、と話していました。こういう日本式の挨拶は、中国では女中や下男が失敗をしでかして主人にお詫びをするといった、大きな上下関係のある人の間で下位の者が謝罪や挨拶する際のやり方ですから(叩頭、三跪九叩頭などがよく知られていますね)、彼のびっくりした心情はよく分かります。

以上は日常生活で認められる日中の所作や習慣の違いですが、もう一歩進めて観念なり価値観なりの違いの一端を見てみましょう。お手元に示しました資料はやや古いものですが、朝日新聞の一九九三年四月二二日の朝刊(札幌版)の記事です。

ここに「火葬されれば天国に行けなくなると、老人が次々に自殺する事件が発生した」と書いてありますが、なぜ「火葬されると天国に行けない」のか、そのわけは書いてありません。これではこの記事が日本の読者に何を伝えようとしたのか、中国の農村では変なことが起こるという印象を与えるだけではないか、と私には思えます。

この中国の農村で発生した事態を理解するには、伝統的な中国人の死生観を知らなければなりません。それは端的に言えば、人はこの世で死んだあとには、あの世でこの世の生活が継続する、という考え方なのです。この考え方は古くから存在したもので、例えば秦の始皇帝が陵墓の地下に現世と同じような宮殿を作らせたとか、兵馬俑もその一部であると言われている、といったことがまず浮かびます。またかの国では父母の臨終が近くなると息子たちが棺桶を用意して父母に見せるといった習慣があり、そうすることが親孝行だと言われましたが、それはこの棺桶でこの世からあの世に送り出されるという安心感を父母に与える効果がありました。こんなことを日本でやったらたいへんなことになりそうですね。死にかけた人も怒りのあまり生き返るかもしれません。

さて、火葬にされて肉体を失うことは、あの世でもこの世の生活がそのまま継続するという観念・願望・安心感を断ち切ることになります。それゆえ清朝以前の中国では死刑の中でも「絞」という窒息させるやり方よりも「斬」という首を切り落とすやり方の方が重い刑罰とされていました。首のない人間、体のない人間はあの世でどうして生きてゆけるでしょうか。それゆえ農村の人々は

「火葬では天国行けぬ」と数十人自殺

土葬期限内に身投げ・服毒

中国の農村

【北京21日＝横堀克己】中国の農村で、当局が土葬を禁止し、火葬にするとのお触れを出したところ、火葬されれば天国に行けなくなると、老人が次々に自殺する事件が発生した。自殺者の総数は六十七人とも、それをはるかに上回るとも言われる。

北京の夕刊紙「北京晩報」が二十一日伝えるところによると、江蘇省海安県政府は先月十五日、四月一日を期して一律に土葬から火葬に切り替えるとの通告を出した。これを聞いた老人の中には、大量の睡眠薬を飲んで棺おけの中に入ったり、川に身を投げたり、服毒や絶食するなどして、三月末までに少なくとも四十数人が自殺してしまった。

現地の村々を歩いた記者は、自殺者の総数は六十七人という証言や、それをはるかに上回るとの話を聞いたという。「県政府の通告がその日から施行されれば、こんな惨劇は起こらなかったのではないか」と北京晩報は指摘している。

それを怖れて自殺し土葬にしてもらおうとしたのです。このことの説明はこの種の記事には不可欠ではないかと思いますが、はしなくもこの記事は中国人の来世観というものを私に思い起こさせることとなりました。

三　親族の呼称について

いよいよ本題に入りましょう。私たちは親族をどういうふうに自分に関係づけているでしょうか。ふつうは血のつながった親族、つまり血族と、血のつながらない親族、例えば娘の嫁ぎ先とか、妻や息子の嫁の実家の人たちなど婚姻関係によって形作られた親族、つまり姻族とに区別しています。そしてその範囲、親族と意識されている範囲はあまり広くないという特徴があります。おじいさん、さらにひいおじいさんの兄弟姉妹やその子孫とつきあいがある家というのは、現在ではそう多くはないと思います。

中国ではどうでしょうか。実は中国では例の「一人っ子政策」によって伝統的な家族・親族関係が崩壊しつつあります。兄弟姉妹がいませんから、おいやめいがいない、次の世代ではおじやおばもいとこもいない、ということになります。ですからこれから私がお話しするのは、現在の共産党政権誕生前の、民国以前ないしは清朝以前の中国ということになります。しかし現在でも半分ほどの人々は伝統的な家族・親族制度の記憶があり、その伝統の多くを受け継いでいますので、現在の中国で消滅したことを語っているわけではありません。

さて、日本人は親族を血族と姻族とに区別すると申しました。それゆえ血族内では特にそれ以上の区別をいたしません。「はじめに」に書いたように、父の兄弟も母の兄弟もみな「おじさん」と呼びます。しかし中国ではそうではありません。

中国では日本でいう同じ血族でも、男系の血統でつながった人々と女系の血統でつながった人々とに区別します。前者を「本族」「本家」「同族」「同宗」などと言い、後者を「外姻」「親戚」と言います。本族の男性の妻は本族に含まれ、姻族は外姻に含まれます。つまり、次のようになります。

日本の親族
- 血族
- 姻族

中国の親族
- 本族（本家）：男系血族およびその妻
- 外姻（親戚）：女系血族と姻族

男系の血統でつながる人々とは、父や祖父、伯叔父や兄弟、息子や息子の子供たち（すなわち孫）

などですね。女性の場合、父親の姉妹や自分の姉妹も祖父を通じてまた父を通じて男の血統で自分とつながっていますから本族です。しかし母親の父母(自分にとっての母方の祖父母)や母の兄弟姉妹、自分の姉妹の子供たち、自分の娘の子供(すなわち孫)たちは、血はつながっていますが母や姉妹という女性を介して自分とつながっているので本族ではなく外姻となるのです。中国にも家系図がたくさん残されていますが、それを見るとそこに書き込まれているのはすべて本族だけです。しかも女性は他家から嫁いできた妻だけが書かれていて、娘たちは本来本族ではありますが嫁いで他家に行きますので、嫁ぎ先で妻として書き込まれることはあっても実家の家系図には載せられていません。

本族であることを示すのが姓です。自分と男系の血統でつながっている人は、どこまでたどってもすべて同じ姓を持ちます。かつては「同姓不婚」という社会的・法的な固い原則がありましたので、外姻は同じ姓を持ちません。例えば私の娘は私と同じ姓で、これは一生変わりませんが、嫁いで彼女の夫(別姓者)との間に生まれた子供たちは夫の姓を持ちますので、私から見れば別姓者=外姻となります。したがって中国の人々からすれば同姓者とその妻(自分の母親もこれに該当)以外の親族は、別姓を持つことによって外姻と知られるわけです。

こうした日本と中国とにおける親族の区別の基準と言いますか、区別の観念のあり方が呼称の違いとなってあらわれるわけです。以下に中国の簡単な呼称法を表示をしておきましょう。①は男性から見た本族の表、②母の実家の表、③は妻から見た夫の家の表、④妻の実家の表です。その複雑さが実感されると思います。

四　関連する二、三の話題

女性と祭祀

先に中国の家系図の話をしました。日本では男も女も血族を家系図に書き込みますが、中国では本族だけだと言いましたね。それと同じように、「祖墳」という先祖代々のお墓に誰を葬るかも日中では異なります。すでにお祭しのように「祖墳」に葬られるのは本族に限られます。そして本族の妻たち(祖父の妻＝おばあさんや、父の妻＝母親など)を除いて、本族である父の姉妹(＝おば)や自分の姉妹ですら祖墳には入れられません。

女性の立場は微妙です。彼女たちは父親である男系の血統を受け継いだことによって、その父親と同じ姓が与えられます。しかし彼女たちは彼女たちの母親がそうであったように、結婚を通じて夫である男系血統者の次の世代を生むことに不可欠な存在です。結婚以前は生理的・自然的な意味で父親の血を引く父親の本族者ですが、結婚後は妻として夫の本族者となります。女性は結婚を境に所属する宗が異なることになります。

そして女性は社会的には結婚して初めて自らの所属する本族を持つことになるのです。その証拠に未婚女性は父親の相続の祭祀に関わりを持たず、父親や祖父を祭ったとしても祭ったことにはな

本家

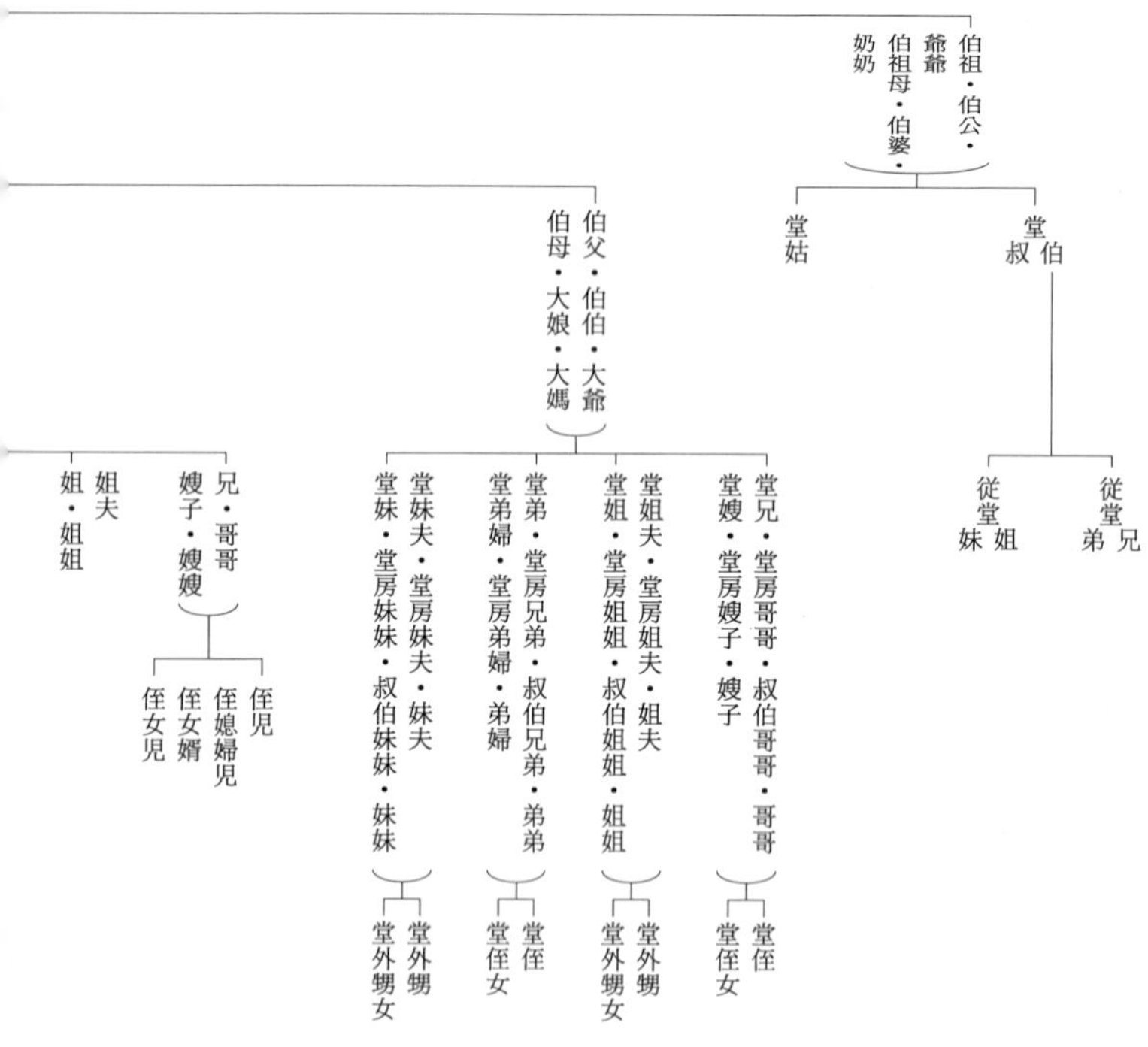

伯祖・伯公・爺爺
伯祖母・伯婆・奶奶
堂叔伯
堂姑
従堂兄弟
従堂姐妹
伯父・伯伯・大爺
伯母・大娘・大媽
堂兄・堂房哥哥・叔伯哥哥・哥哥
堂嫂・堂房嫂子・嫂子
堂侄
堂侄女
堂姐夫・堂房姐夫・姐夫
堂姐・堂房姐姐・叔伯姐姐・姐姐
堂外甥
堂外甥女
堂弟・堂房兄弟・叔伯兄弟・弟弟
堂弟婦・堂房弟婦・弟婦
堂侄
堂侄女
堂妹夫・堂房妹夫・妹夫
堂妹・堂房妹妹・叔伯妹妹・妹妹
堂外甥
堂外甥女
兄・哥哥
嫂子・嫂嫂
侄児
侄媳婦児
侄女婿
侄女児
姐夫
姐・姐姐

男性から見た本族

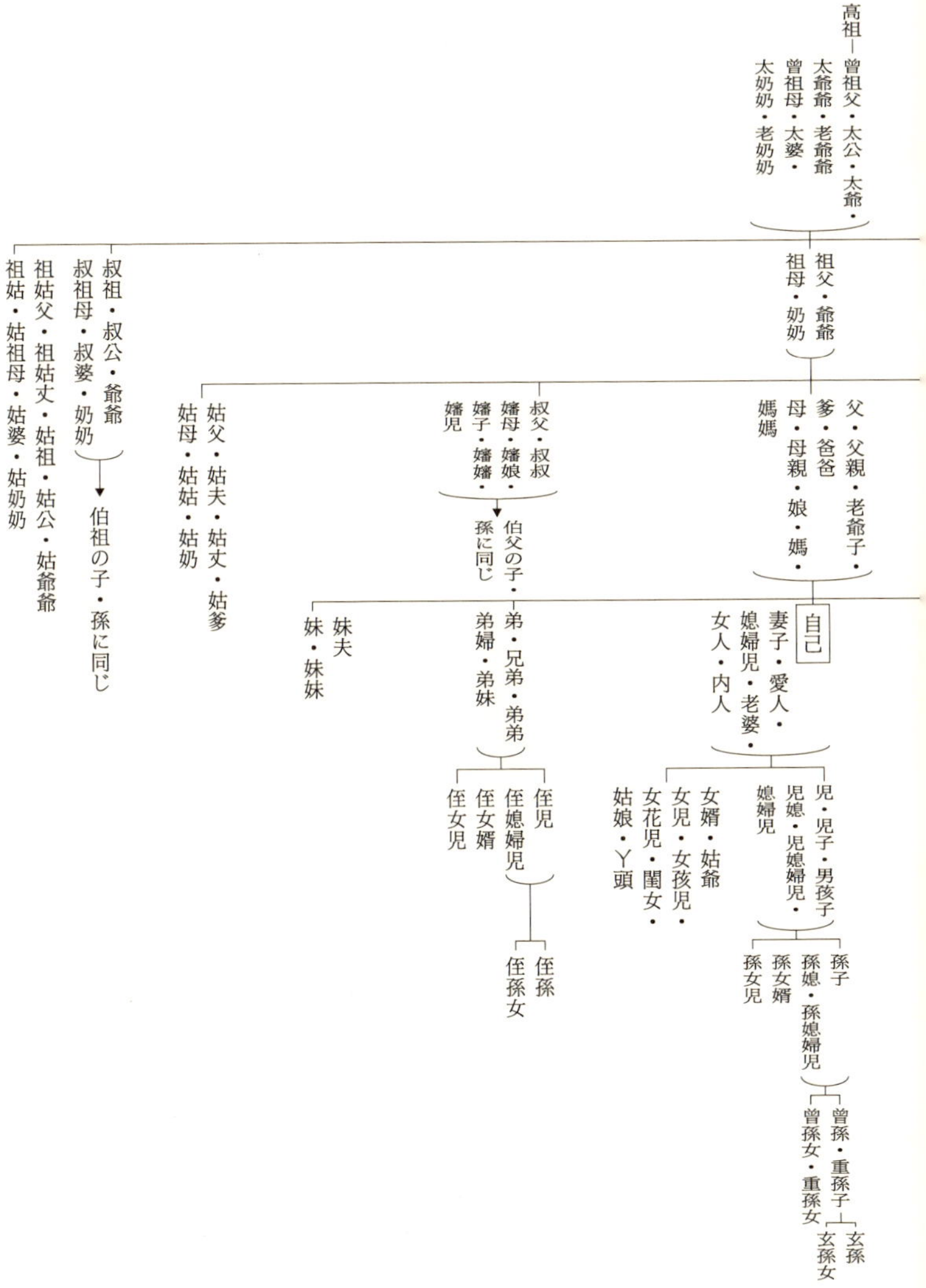
高祖
曾祖父・太公・太爺・太爺爺・老爺爺
曾祖母・太婆・太奶奶・老奶奶
祖父・爺爺
祖母・奶奶
叔祖・叔公・爺爺
叔祖母・叔婆・奶奶
伯祖の子・孫に同じ
祖姑父・祖姑丈・姑祖・姑公・姑爺爺
祖姑・姑祖母・姑婆・姑奶奶
父・父親・老爺子・
爹・爸爸
母・母親・娘・媽・媽媽
叔父・叔叔
嬸母・嬸娘・嬸子・嬸嬸・嬸兒
伯父の子・孫に同じ
姑父・姑夫・姑丈・姑爹
姑母・姑姑・姑奶
自己
妻子・愛人・媳婦兒・老婆・女人・内人
弟・兄弟・弟弟
弟婦・弟妹
妹夫
妹・妹妹
兒・兒子・男孩子
兒媳・兒媳婦兒・媳婦兒
女婿・姑爺
女兒・女孩兒・女花兒・閨女・姑娘・丫頭
侄兒
侄媳婦兒
侄女婿
侄女兒
侄孫
侄孫女
孫子
孫媳・孫媳婦兒
孫女婿
孫女兒
曾孫・重孫子
曾孫女・重孫女
玄孫
玄孫女

図 7-1

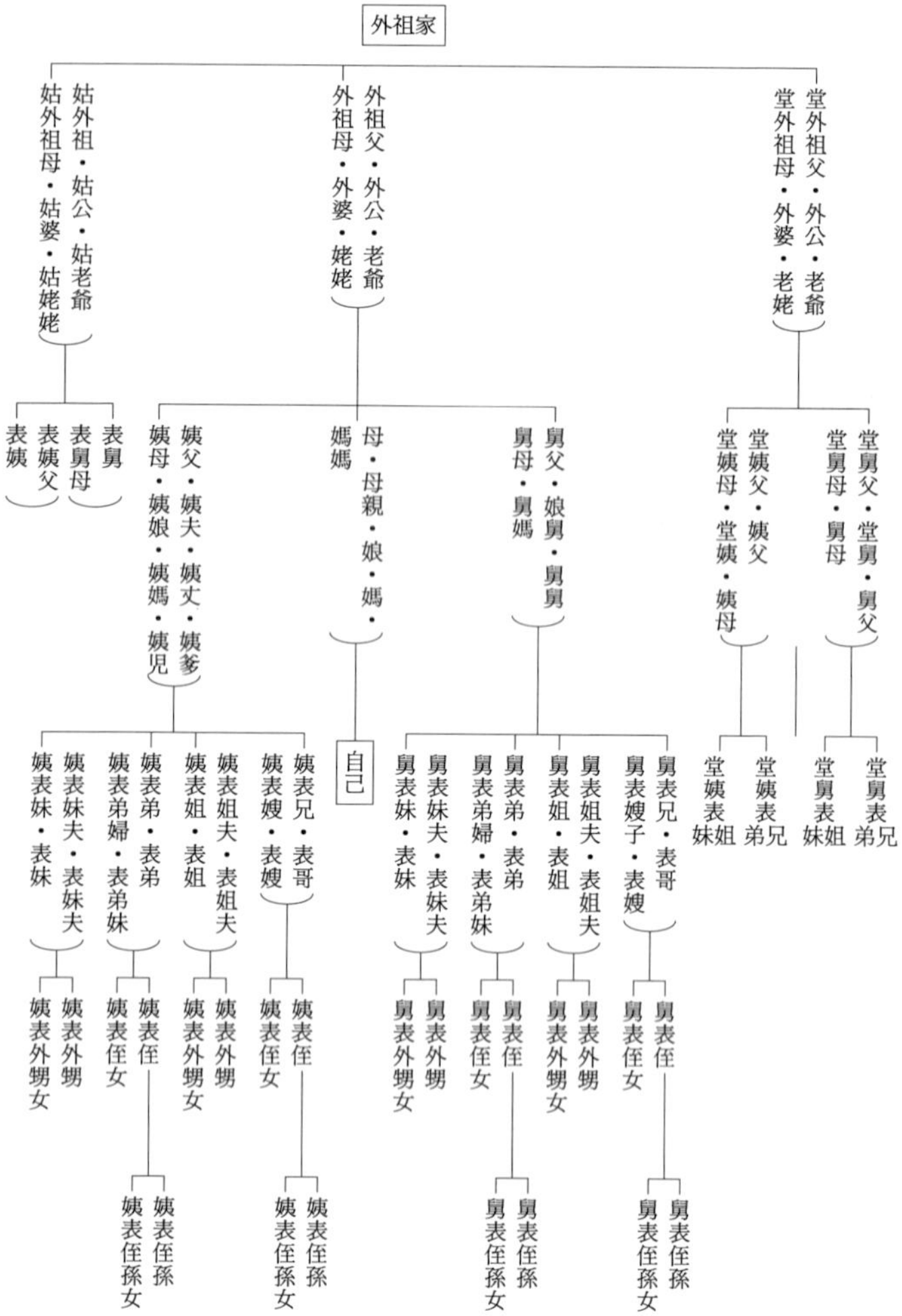
外祖家
姑外祖・姑公・姑老爺
姑外祖母・姑婆・姑姥姥
外祖父・外公・老爺
外祖母・外婆・姥姥
堂外祖父・外公・老爺
堂外祖母・外婆・老姥
表舅
表舅母
表姨父
表姨
姨父・姨夫・姨丈・姨爹
姨母・姨娘・姨媽・姨児
母・母親・娘・媽・
媽媽
舅父・娘舅・舅舅
舅母・舅媽
堂舅父・堂舅・舅父
堂舅母・舅母
堂姨父・姨父
堂姨母・堂姨・姨母
姨表兄・表哥
姨表嫂・表嫂
姨表姐夫・表姐夫
姨表姐・表姐
姨表弟・表弟
姨表弟婦・表弟妹
姨表妹夫・表妹夫
姨表妹・表妹
自己
舅表兄・表哥
舅表嫂子・表嫂
舅表姐夫・表姐夫
舅表姐・表姐
舅表弟・表弟
舅表弟婦・表弟妹
舅表妹夫・表妹夫
舅表妹・表妹
堂姨表弟兄
堂姨表妹姐
堂舅表弟兄
堂舅表妹姐
姨表侄
姨表侄女
姨表外甥
姨表外甥女
姨表侄
姨表侄女
姨表外甥
姨表外甥女
舅表侄
舅表侄女
舅表外甥
舅表外甥女
舅表侄
舅表侄女
舅表外甥
舅表外甥女
姨表侄孫
姨表侄孫女
姨表侄孫
姨表侄孫女
舅表侄孫
舅表侄孫女
舅表侄孫
舅表侄孫女

図 7-2　母の実家

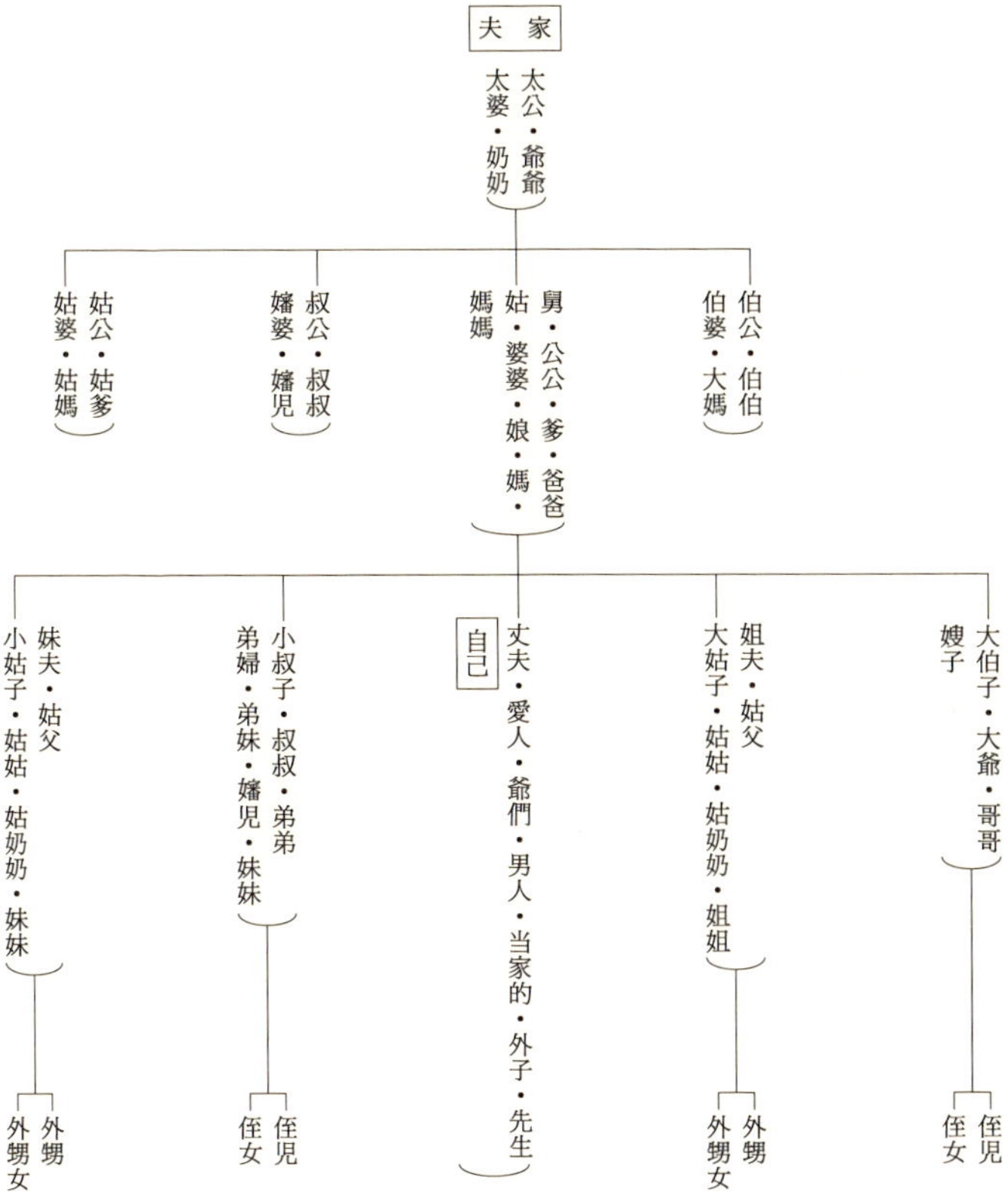

図 7-3　妻から見た夫の家

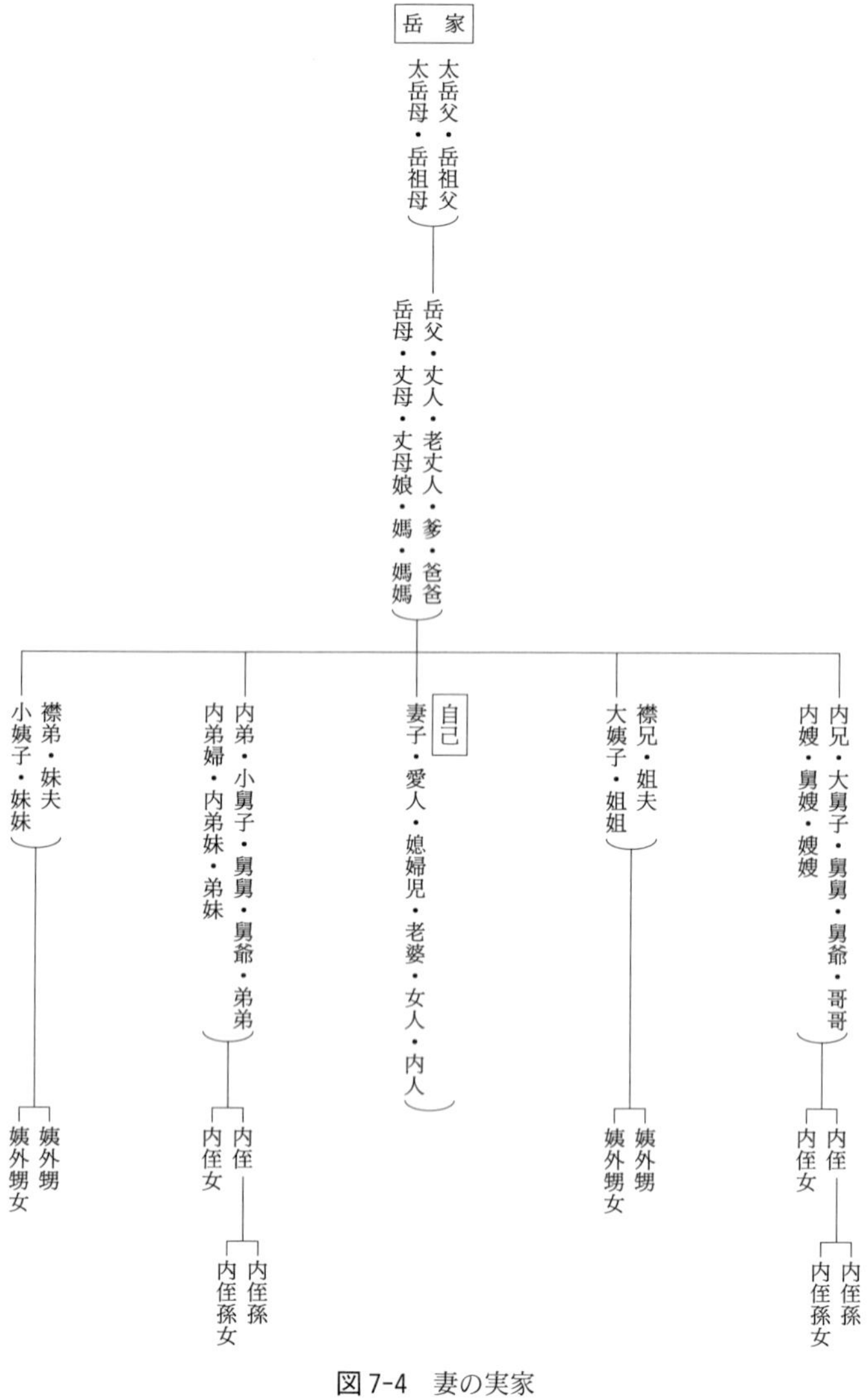
岳家
太岳父・岳祖父
太岳母・岳祖母
岳父・丈人・老丈人・爹・爸爸
岳母・丈母・丈母娘・媽・媽媽
襟弟・妹夫
小姨子・妹妹
内弟・小舅子・舅舅・舅爺・弟弟
内弟婦・内弟妹・弟妹
自己
妻子・愛人・媳婦児・老婆・女人・内人
襟兄・姐夫
大姨子・姐姐
内兄・大舅子・舅舅・舅爺・哥哥
内嫂・舅嫂・嫂嫂
姨外甥
姨外甥女
内侄
内侄女
内侄孫
内侄孫女
姨外甥
姨外甥女
内侄
内侄女
内侄孫
内侄孫女

図 7-4　妻の実家

りませんでした。また未婚女性は何歳で死亡したかにかかわらず、父親の祖墳には入れられず、畑や空き地の片隅に葬られて、誰にも供養されることがありませんでした。しかし結婚すれば、夫の家の祖先を祭る資格を得、死しては夫の家の祖墳に葬られ、自分の子孫(息子や孫息子という男系子孫)によって祭られ供養されることになります。祭祀という社会的な行為に関わることができるのは結婚を通じてであり、それゆえ、女性は結婚によって社会的な存在となるのです。同時に祭祀が男系血統の直系子孫によって担われるということは、夫婦にとって息子をもうけるということがいかに大事であったかということも容易に想像させます。息子とその息子という男系の連鎖が絶えれば、あの世で生活する祖先たちはどのように衣食の供給を受けられるでしょうか。土葬を選んで自殺した老人たちも、男系の血統者が存続しなければ、あの世で飢え死にするほかないわけです。そこでなんらかの理由で――生まれなかったとか生まれても死亡したとか――息子がいない夫婦は、一族内の子供に相当する世代の男子(最もよいのは夫の兄弟の息子すなわちおいとされていたのですが)を養子とすることで、男系血統の存続を求めました。しかし不幸にしてそうした条件を欠く人々もいました。そこで政府は、捨て子で三歳以下なら実子と同じく認めることとしてもいたのです。涙ぐましいほどの努力が、息子を持つために続けられ、それがまた中国の家族制度を支えてきたわけです。それが現在は制度・政策の変化や人々の価値観の変化などによって半ば以上が消滅し、改変されているわけです。

閑話休題。日本人の姓＝名字は中国人の以上のような原則的あり方からすればずいぶんといい加減な印象を与えますね。昔は名字のない人がたくさんいたわけですが、明治時代に戸籍制度が整えられて以降は、皇室を除いて名字のない人はいなくなりました。この名字、夫婦別姓運動はありますが、今でも夫婦家族は同一の名字ということになっていて、夫妻のどちらかが変えねばなりません。ということは日本では名字はなんらかの血統を表示するという機能が稀薄だということを示しています。血統ではなく家族という集団についている記号やマークのようなものが名字なんですね。だから田中さんの娘さんが山田さんの息子さんに嫁に行くと山田に変わる。北洋銀行に勤めていた人は北洋の制服を着ていますが、道銀に転職すると道銀の制服に着替えるのと同じです。ところが中国では男系血統を表すものなので変えようがないというわけです。

家産の相続

祖先祭祀に続いて家産相続の話もしておきましょう。これも男系血統論と深い関係があります。現在の中国民法では私たち日本と同じように子供たちは男女に関わりなく親の財産を均等に相続できる定めとなっていますが、以前はそうではありませんでした。清朝以前は、家産（ほぼ父親の財産と言っていいのですが）は息子たちに均等に分割相続されるというのが社会的にも法的にも固い原則でした。ここでも女性は排除されていて、彼女たちは嫁に行くときになにがしかの財産を与えられるに止まっていました。すなわち実家の経済力や父母の愛情の程度などに応じて、時には相当の額の財産を、時には世間並みに、時には世間並み以下に、ということは、結局のところ決まった額はなくて個別の事情に応じて与えられていました。

家産の分配に与かる息子とは嫡子に限られるわけではありません。先に申しましたように息子を持つことは至上命題でしたから、正妻に息子がいなければ経済的に余裕のある男性は妾を持ちました。もちろん息子（＝庶子と言われます）を持つために。ただし容易に想像がつくように息子がいても妾を持つ男性は少なくありませんでした。中国は一夫一妻多妾制と言われまして、妻という地位を占めるのは一人ですが、妾は何人でも持てました。また正当な関係にある婢（使用人）に産ませた子供も息子としての地位を占めていました。こうした息子たちによって家産は均等に分割相続されました。それは母親がどうであれ、息子たちは等しく父親の血統を引き継いだことの証しであったと言ってよいでしょう。

いつ家産を分割するかに決まりはなく、父母やそのどちらかが生存中ならば養老分を残して家産を分割し、父母死亡後に養老分を再度均等に分割しましたので、結果的には家産はすべてが息子たちに相続されたわけです。これを父母の側から見れば男子均分相続、息子の側に立てば兄弟均分相続と言い、中国の口語では「分家」と言っていました。

ちなみに、先に男系血統を同じくする者を「本家」と言う場合があったと言いましたが、「本家」「分家」という言葉は、日本語のそれとまったく異なります。「本家」とは自分の一族、「分家」とは家産分割のことなのです。これは後に日中の家制度のときにもう一度思い出していただきましょう。

以下に戦前に満鉄が調査した河北の張という一族の家産分割の流れを図で示しておきましょう。この図について、これを引用・解説した村松祐次氏は次のように語っていますので参考にしてください（村松祐次『復刊　中国経済の社会態制』東洋経済新報社、一九七五年、二〇二〜二〇三頁）。

図4・1は昭和十一年満鉄が、水野薫氏の主導する調査隊を、河北省平谷県第二区北大関に送って農村調査を行った時、蒐集した同村の一姓張氏における均頭相続の繰返しによる土地細分の一事例である。図の下部に四角な框で囲んだものが、調査隊が北大関で接触した個々の農家の家長の名であって、張福以下五ないし六世代にわたる張姓の系図は、彼らからの聴取りにより再構成せるもの。張福から第二世代の張万倉や、第三・第四世代の張芳の子孫達、また四世代の張徳元・張徳奎のように、一生の間に所有地を急激に拡大する者も少なくない。しかし、それはたちまち零細なものに分裂して行く。

またこの事例によっても中国の農家の中では、貧富の交代が急激に行われて、家柄の連続が困難な事情が推察し得るであろう。例えば、第三世代張春は二〇〇―三〇〇畝を有する大農であるのに、それから三代目の第六世代には、土地をほとんど保有しない出稼人や、二〇畝内外の貧農が大部分を占めている。もちろん図4・1の第五・第六世代の諸農家は、同姓でかつ同族であるが、その間には一見明らかなごとく大なる貧富の懸隔があり、当然に別個の家計―経

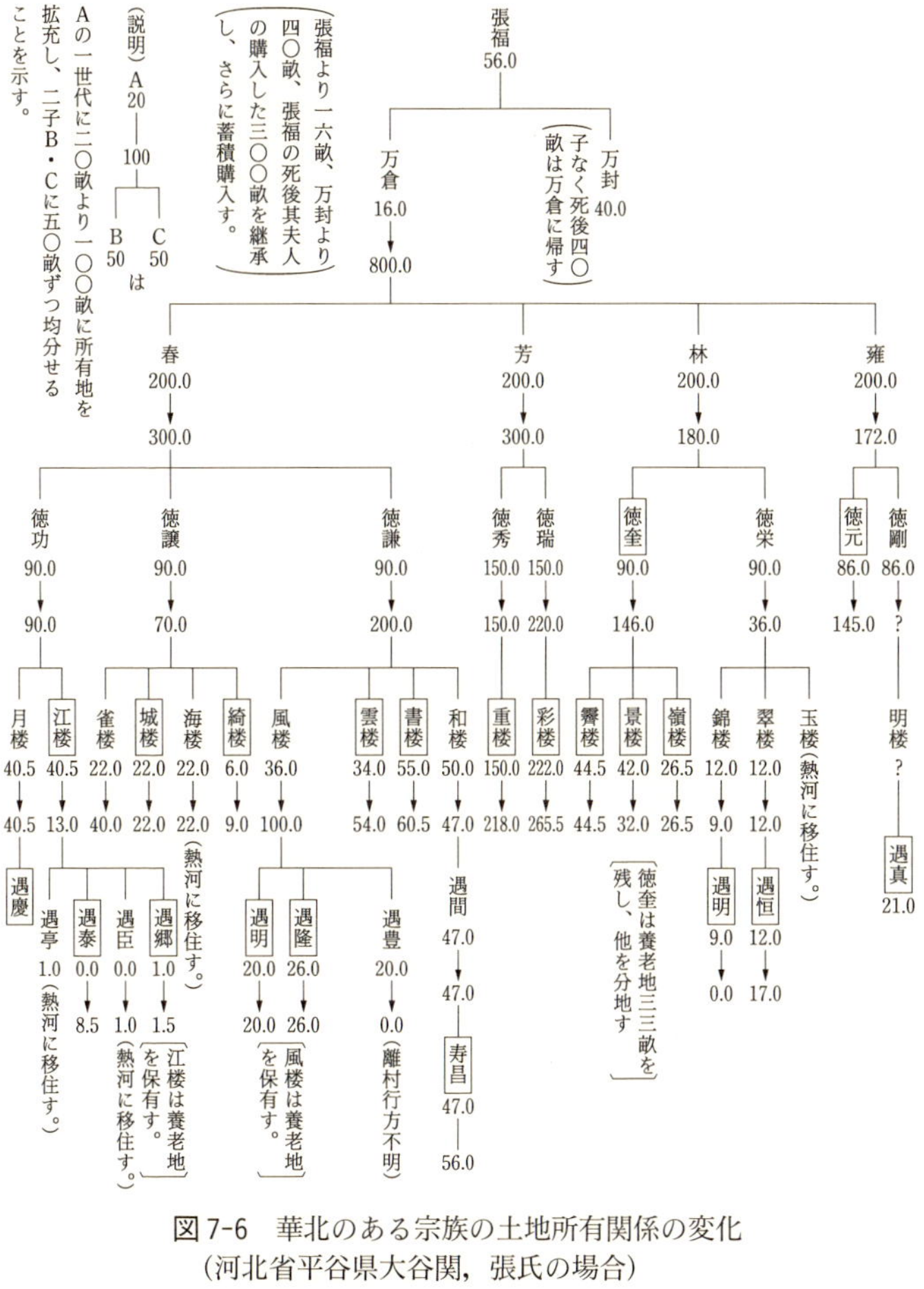

図 7-6　華北のある宗族の土地所有関係の変化
（河北省平谷県大谷関，張氏の場合）

資料）満鉄『第二次冀東農村実態調査報告書，統計編，第一班平谷県』昭12年，10-11ページ。
出典）村松祐次『復刊　中国経済の社会態制』東洋経済新報社，1975年，203頁。

営単位をなしている。

さて、家産分割が何を契機にして行われるかは一定の決まりがありません。親が生きているときならば親が自ら決めることもあれば、息子たちの圧力に屈してという場合もあり、また父母の死亡が契機となることもあれば、何年かを経て後、息子たちがなんらかの事情で家産分割に同意すればそれは実行に移されました。多くの場合、動産不動産を問わず家産を息子の人数分均等に分けて各々の目録を書き、これまた多くの場合おじさんなど近い親族の立ち会いのもとで兄弟がくじを引き、引き当てた目録に書かれた財産を相続しました。きわめて厳格に、徹底した均等分割が行われたわけです。

ところで、家産が分割される前に中国人の家族はどのように生活していたかと言いますと、学問の世界ではそれを「同居」あるいは「同居共財」という言葉で表現してきました。これは歴史史料に見える言葉であると同時に日本人によって発見された概念でもありました。中国人にとってはあまりにもあたりまえなことなので、誰も学問研究の対象にしなかったというわけです。同居というのは一緒に住む＝同住ということではなく、家計を共同にするという意味です。私たち日本の家族も一緒に住み家計を共同にしているように見えますが、しかしお父さん名義の財産や息子の貯金などがあり、別口の家計・個人の財産が存在しますね。就職した子供たちがいくらかの金銭を親に渡して、両親と一緒に住むということもよくあります。残りの給料は子供たち個人の財産です。ところが中国ではそんなことがなかったというわけです。歴史史料を見ても、家の財産という言い方はあっても、父の財産とか兄の土地といった表現は出てきません。いわば家の中には財布が一つしかなくて、家族が得た財産はすべてそこに入れ、家族が必要とする消費もそこからまかなわれ、余剰が出れば家族全員のための財産として蓄積されるというのが中国人家族の経済的なありようだったのです。この同居の関係を中止して、家産を分割することが分家なのです。分家のときにその家産の形成や持続に誰が貢献したかといったことはほぼ考慮されることはありませんでした。先に嫡子と庶子の区別はなかったと言いましたが、赤ん坊でも一人の息子とカウントされたのです。

さて、家産分割が行われた翌朝、外から見れば昨日となんの変わりもないように見えます。しかし各人（家族を持った息子たちも多かったはずです）は相続した家屋や部屋に分かれて住み、朝食を作る竈も別々になっています。以前は兄弟が力を合わせて働いた農地でも、家産分割後は受け継いだ土地に労働力が必要ならば、兄弟であれ労賃を支払わなければ手伝ってはくれません。これが家産分割後の現実なのです。こうした徹底したやり方は日本人にはなかなか理解しがたいことかもしれませんが、中国では二千年ほどにわたって行われてきた現実なのです。

この男子均分、兄弟均分という原則は中国社会に深い刻印を押したと思われます。例えば私が北海道ほどの面積の土地を持っていたとしましょう。大地主ですよね。私に息子が四人おり、息子たち各人にもそれぞれ四人の息子がおり、その私から見た孫たちにも四人ずつの息子がいたとしますと、私の孫の代では土地は一六分の一になり曾孫の代では六四分の一になってしまいます。歴史学では一世代を約三〇年と数えますので、私の死後およそ百年で、六四分の一になってしまいます。これは息子の数を固定し、外的な条件を無視して各人の土地が増減しなかった場合の計算ですが、現実に息子たちの数は一定せず土地売買は八世紀以降公認されていましたから、各世代の男子は能力や条件に応じてある者は土地を減らし、ある者は増加させたに違いありません。しかも減らした土地は誰かが一方で増加させたに違いなく、一族の誰かが土地を増加させれば誰かが土地を失ったはずなので、浮き沈みは社会の全体の中で激しく絶えず起こっていたに違いありません。こうした競争的で流動性の高い社会で生きてゆくのは、一面いわばチャイナドリームを実現させる夢がありそうですが、他面では悲惨な奈落の底に落ちてゆく危険とも隣り合わせであったわけです。そうした社会の中で人々がどのような戦略を立ててどのように生きてきたか、その結果中国社会はどのような性格を帯びてきたかはまた別途お話しするほかなく、ここでは割愛しましょう。

日本の家と中国の家

最後に日本の家と中国の家の比較をしてみます。中国の家はいわば組合です。労働組合とか同業組合のようなものです。そこに参加する人は自らが必要とするかぎりにおいて協力しますが(＝同居共財)、もはや不用となればそこから離脱可能です(＝分家)。すなわち中国の家は人と財産の組み合わせ、あるいは本族集団以上の意味を持たないと言ってよいでしょう。人と家産をこえたなんらかの価値が家に付属しているといったことはありません。

これに対して日本の家は財団的です。財団と言うよりは会社とでも言った方が分かりやすいかもしれません。家の存続と発展が至上目的とされる傾向が強く、家に害ある者は勘当され、嫡子・長子といえども能力に欠ければ廃嫡され、娘に婿を取って家の存続をはかるということはよく見られたことです。家の構成員よりも家そのものが上位に置かれているわけですね。その家についているのが屋号であり名字なわけです。その家に留まるかぎりその家の名字を名乗りますが、他家に移れば他家の名字に変わります。このように日本の家には人と家産をこえたなんらかの価値が付与されてきました。なんらかの価値とは時代や社会階層によって異なり、例えば家名であったり家業であったりしますが、今でも「家を継ぐ」とか「跡取り息子」と言ったりするところに、財産や職業をこえたなにものかが含意されています。

以上、呼称を導入として中国と日本の家族や家計、家のあり方などを雑然と語ってきました。何らか得るところがありましたら講師としては嬉しく思います。「笑い力」という全体の標題にはあまりそぐわない内容でしたが、そうだったのか、と内心ほほえんでいただける部分があれば、と願っています。

第八話　「ちりとてちん」は中国語？
——中国のお笑い文芸

武田雅哉

　ぼくは落語を聞くのが好きなのですが、明治大正、さらに昭和戦前くらいの古い落語や漫才の録音を聞いても、正直言って、腹の底からは、なかなか笑えません。「資料」として聞くには面白いのですが、ぼくが面白がれるものでは、ありませんでした。それは「笑い」というものが、とてつもなく、はかないものでもあるからなのでしょう。

テレビで自称「芸人」たちがやかましくわめきたてている、きょうび流行りのギャグにしたところで、半月もすれば、その味わいは薄れ、ものによっては、うっすらとカビまで生えてしまい、「賞味期限」にうるさいご時世、口にすることもはばかられることになるんであります。お笑いの世界は、それほど厳しく、変化が激しいというわけでした。

　さて、落語の題材の中には、古い中国の「笑話《しょうわ》」に由来するものが少なくありません。ただ、それらをいま読んでみても、やはりぼくは同様の感想を持たざるをえません。どこが「笑話」なのか、ぜんぜん笑えなかったり、いったい何がオチなのか、さっぱり理解できないものも、少なくないからです。

また、中国の昔の通俗小説を読んでいたと思ってください。登場人物のだれぞのセリフのあとに、「それを聞いて、みんなは大笑いしました」と書いてあるのですが、いったいそのセリフが、どうして笑えるのか、何年も首をひねりつづけることがあります。その人物は、どうやらギャグを言ったらしいのです。これを、万巻の書をひもといて研究し、やっとこさ解明できたところで論文を書き、「えー、このギャグが、どうしてオカシイかというと……」と、エラそうに講釈するのが、てまえどもの商売の神髄。つまりは文学部の教員というものも、故・林家三平師匠の芸風とさして変わらないわけでして、まったくもって「どーもスイマセン」なのであります。

今回のお話では、日本の落語と中国の笑話との関係や、わが国の落語や漫才にあたるような、中国の語り物演芸、お笑い演芸の歴史をざっと眺めてみましょう。そうして、中国人が生み出し、悠久の歴史の中で育てられてきた「お笑い」のあれやこれやについて、いろいろ考えてみたいと思うのであります。

一　中国の笑い声

ところで、漢語に由来する笑いの表現で、日本でも使われているものに、「呵呵大笑《かかたいしょう》」ということばがあります。かといって、昔の中国人が「カカカ」と大笑していたかどうかは、よく分かりません。「呵呵」は現代語では「ハハ」に近い音なので、日本と同じく「ハハハ」なのかもしれません。

現代の中国語の文章表現では、笑い声はふつう「哈哈哈（ハハハ）」と書かれますが、日本語にもいろいろな笑いの表現があるように、中国語にもいろいろありますので、ここでちょっと眺めてみましょう。括弧の中のカタカナは、その中国語の標準語の発音に近い音。そのあとに、さらにカタカナで書いたのは、日本の表現でそれに近いと思われるものです。

哈哈（ハーハー）ハハハ　呵呵（ホーホー）ハハハ　嘎嘎（ガーガー）カラカラ　格格（ゴーゴー）ケラケラ　哏哏（ゴーゴー）ホホホ　嘿嘿（ヘイヘイ）へへへ　嘩（ホア）ワアッ　咭咭（ヂーヂー）クックッ　眯眯（ミーミー）ニコニコ　眯虎（ミーフー）ニコニコ　眯悠（ミーヨウ）ニコニコ　眯唏（ミーシー）ニコニコ　噗哧（プチッ）クスッ　嗚嗚（ウーウー）ワアッ　嘻嘻（シーシー）クスクス、イシシ……

日本語とよく似ているものもあれば、これが笑い声？　と、違和感を覚えるものもありましょう。このほか、笑いそのものではなく、ニコニコしている様子を表現することばに、吟吟（インイン）や、盈盈（インイン）などがあります。難しいのでは、莞爾《かんじ》などというのもあり、ちょっと古い日本人には、好んで使われてましたね。

二　小説《こばなし》のはなし

さて、笑いのある中国文学のはなしをする前に、唐突ながら、「小説《しょうせつ》」なるものについて、簡単に触れておきたいと思います。なぜかというと、中国のお笑い文芸のことを話すときには、まずこの語彙について理解しておかなければならないからです。

そもそも「小説」とは何か？　現代では、小説は文学作品の王者のような顔をして威張っていますが、実のところ、そもそもそれは、文字どおり「小さな説」「つまらないはなし」という意味なんであります。

『漢書』「芸文志《げいもんし》」には、次のようなことばがあります。

「小説家というものは、おそらく稗官《はいかん》に起源している。街談巷語《がいだんこうご》、道聴塗説《どうちょうとせつ》する者が作ったのであろう」

稗官というのは、下っ端の役人のこと。街談巷語(街角で話し、ちまたで語る)、道聴塗説(道で聞いたことを、途《みち》で話す)というような、いわば巷間でのおしゃべりを記録するような小役人がいたらしいのです。

六朝期になると、志怪《しかい》小説や志人《しじん》小説が流行します。志怪小説とは、怪奇な事件を記録したもので、志人小説とは、いろいろな癖のある人間の面白いエピソードを記録したものです。いずれも、たてまえ上は事実の記録を旨としており、フィクションというようなものではありません。

唐代には、伝奇《でんき》小説が書かれます。これは、それまでの記録としての小噺よりもはるかに長く、フィクションの要素がふんだんに書きこまれています。唐代における物語の供給装置として重要なものに、「変文《へんぶん》」があります。これは、韻文と散文とが交互に登場するスタイルのもので、仏教のありがたいお話が、おもなテーマとなっています。これは、甘粛省《かんしゅくしょう》の敦煌《とんこう》にある石窟《せっくつ》寺院、莫高《ばっこう》窟《くつ》で発見されたものです。

宋代には、都市演芸が発展を見たことを物語る資料が、多くなります。北宋の帝都開封(東京《とうけい》・河南省開封)や南宋の臨安《りんあん》(浙江省杭州)などで、それは顕著でした。人が集まった都市には、おのずと娯楽施設が必要になります。それらは、「瓦舎《がしゃ》」「瓦子《がし》」「勾欄《こうらん》」などと呼ばれていました。当時の資料を読んでみましょう。

瓦舎とは、来る時は瓦が合うように来て、去る時は瓦がこわれるように去るという意味である。人びとが容易に集まり、容易に去っていくのである。いつのころから始まったかはわからない。近ごろの京師《けいし》では、士庶の放蕩不羈《ほうとうふき》の場所、また、子弟の流連破壊の門であること甚だしい。

(『夢粱録』)

そういう盛り場は、人々が身を持ち崩していく場であると、訴えているのでした。現代の、良くも悪くも希薄な人間関係を特徴とする都市の性格を彷彿させる証言ではないでしょうか。

そのような盛り場には、様々な演芸を提供する場所がたくさんありました。それらには語り物が含まれており、これらを「説話《せつわ》」と呼んでおりました。説話は、いくつかのジャンルに分かれていたようです。

「講史書《こうししょ》」は歴代の史書、戦争興亡のことを語る。かれらは最も「小説」人を怖れる。「小説」は、一朝一代の物語を、あっという間に言い尽くしてしまうからだろう。（『都城紀勝』）

ここにも「小説」ということばが出てきますが、最初に説明した「小説」とは、また少し異なった意味合いのものです。そして、これに関して、たいへん面白い現象が語られています。ここに書かれてあることを解釈しますと、こういうことになるでしょう。――「小説」を語る芸人は、とにかくお客さんに面白がってもらえれば、それでよい。したがって、面白くするためには、歴史の捏造も、荒唐無稽な展開もよしとする。そのために、正確な歴史を語ろうとする「講史書」の芸人は、かれらをライバル視し、おそらく客を取られるので、怖れていた、と。

また、『三国志』の物語を語る芸人のことを、特に「説三分」とも言っておりました。これについては、こんな記録があります。

巷《ちまた》のガキは聞き分けがない。親はもてあますと、小銭を与え、寄席に、昔話の講釈を聞かせにやる。三国の話になり、劉玄徳が負けたと聞くや、顔をくしゃくしゃにし、鼻水たらして泣くガキがいる。曹操が負けたと聞くや、おおよろこびで「いいぞ、いいぞ！」と叫ぶのである。

（蘇軾『東坡志林』）

このようにして作られた、語り物のテキストが残っています。これらがやがて、尾ひれを加えられ、元や明の時代には、長編小説に発展していきます。例えば、『大唐三蔵取経詩話《だいとうさんぞうしゅきょうしわ》』、あるいは『大唐三蔵取経記《だいとうさんぞうしゅきょうき》』というテキストは、『西遊記』になります。『大宋宣和遺事《だいそうせんないじ》』は『水滸伝』に、『全相平話三国志《ぜんそうへいわさんごくし》』は『三国演義』に、そして『武王伐紂書《ぶおうばつちゅうしょ》』は『封神演義』になります。

『三国演義』は、劉備（玄徳）ら蜀が善玉で、曹操は悪玉になっていますが、そうなっていく過程が、蘇東坡のエッセイには活写されているのかもしれません。噺家たちは、子供たちに人気のある劉備たちが負けてしまうと、お客さんが来てくれなくなるおそれがあります。そうなると、いきおい、劉備たちの活躍を増やして、客の確保につとめなければならなくなるわけです。

このような努力が求められること、実は、われわれ教師商売でも同様です。退屈そうにしている学生たちの興味を引こうと思って話したあるネタが、おおいに受けたとしましょう。すると来年は、そのネタをさらに増強することになります。逆に反応がイマイチであれば、もうやめにする、とい

図8-1　民国時期北京の語り物芸人

出典）王大観『残冬京華図―北京風俗絵巻』より

うことになりましょう。宋代のハナタレ小僧も、現代の学生サマも、それはそれは大切なお客様に変わりはないのですから（図8-1）。

三　長編小説の常套句

こうしてできた、明代の長編小説は、多くの章に分かれているので、一般に章回小説と呼ばれています。そして、章回小説特有の、次のような常套句が用いられています。

「却説《チュエシュオ》……」

これは、「さて……」と、話を切りだすときに用いる常套句。

「聴書的列公《ティンシューダリエゴン》」

「書《しょ》を聴《き》くみなさまがた」という意味ですが、「書」というのは、ここでは語り物のことですから、「お聞きのみなさま」と、語りかけることばです。語り物ではなく、はじめから印刷して読まれることを想定して書かれた小説でも、これらの常套句は使われていますが、それは、章回小説の文体が、語り物のそれを模していることによるわけです。近代になると「看書的列公《カンシューダリエゴン》」、すなわち「書を看《み》るみなさま」つまりは「読者のみなさま」というような言い方も出てきます。

「説書的《シュオシューダ》」

こちらは「書を説く的《もの》」という意味なので、語り手の自称です。

「有詩為証《ヨウシーウェイヂョン》……」

これは、「ここに詩がありますので、これを証拠といたしましょう」という意味です。中国の文学作品では、韻文である詩は高級なジャンルですが、口語で書かれた小説は、最低のジャンルです。だからこそ、多くの詩作者は名前が知られていますが、明清の小説作者は、ほとんどがペンネームで書かれ、作者が分からない作品も多いのです。「このはなしは、決してウソデタラメではございません」と言うときに、このことばが持ち出されて、もっともらしい詩が提示されます。

「不知武田死活如何《プーヂーウーティエンダスーフオルーホー》？ 且聴下回分解《チエティンシアホイフェンヂエ》！」

これは、各章の結びの文によく使われるもので、ここでは「武田の生死は、いったいどうなるのでしょう？ しばらく待って、次回の解き明かしをお聞きください」というような意味です。つまりこれは、読み物としての小説であっても、いいところで打ち切られ、その解決は次回に持ち越されるという、語り物のスタイルを踏襲しているわけです。ただいまのテレビドラマも、このスタイルから、一歩も出ていません。

と、中国の語り物演芸の歴史について簡単におさらいしたあとで、お笑い演芸について見てみましょう。

四　家庭百科事典の中の笑話

「笑話《しょうわ》」というのは、笑い話のことです。

そもそも中国の古めかしい哲学書には、多くの寓話がちりばめられていますが、それらの中には、深遠なる哲理を秘めながらも、笑い話として読めるものが、少なくありません。『孟子』『荘子』『列子』『韓非子』などには、多くの寓言がありますが、「オチ・サゲ」のようなものを持っているものも、少なくないのです。このような寓話で、ある種の哲学を伝えるという方法は、毛沢東の時代になっても変わりませんでした。というより、毛沢東は、このような古来の寓話の効能を、よくわきまえていたと言うべきでしょう。

やがて、笑話を集め、本としてまとめたものが出てきます。漢代の『笑林』、隋代の『啓顔録』、唐代の『笑海叢海』、宋代の『艾子雑説』『笑苑千金』などが、代表的なものです。

明代の文学者である馮夢龍《ふうぼうりゅう》が編集した『笑府』は、それらの集大成とも言える笑話集ですが、例えばその「性緩（のんびりした性格）」（巻六）は、落語の「長短」の、また「好静（静かが好き）」（巻六）は、「三軒長屋」の元ネタとなっています。

中国には、日用類書と呼ばれる書物があります。これは、家庭用の百科全書のようなものですが、

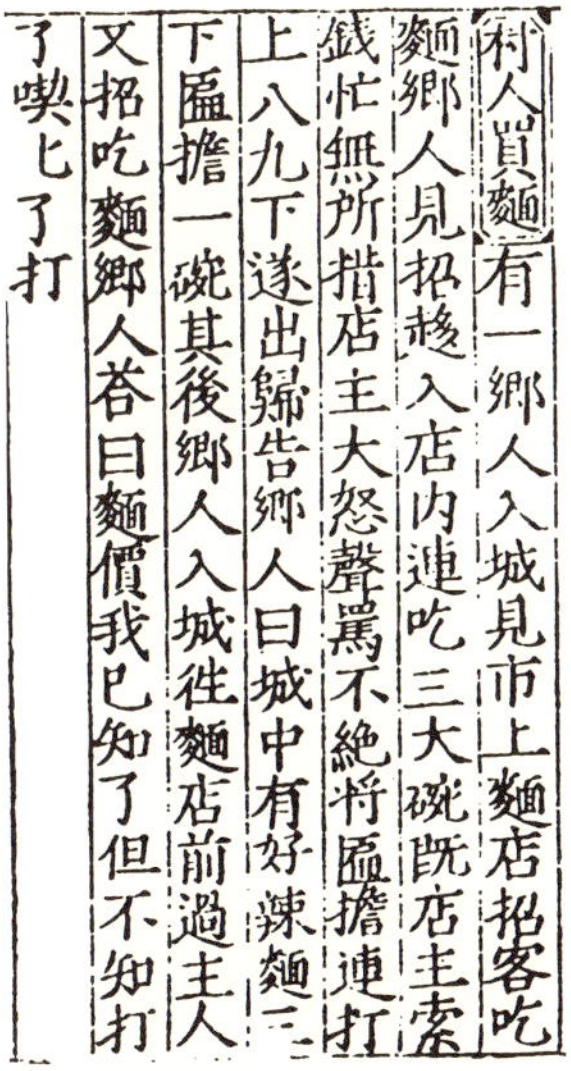

村人買麵 有一鄉人入城見市上麵店招客吃麵鄉人見招趍入店内連吃三大碗既店主索錢忙無所措店主大怒聲罵不絶将匾擔連打上八九下遂出歸告鄉人曰城中有好辣麵三下匾擔一碗其後鄉人入城往麵店前過主人又招吃麵鄉人荅曰麵價我已知了但不知打了喫匕了打

図8-2 笑い話「村人がラーメンを買う」

出所)明・余象斗編『三台万用正宗』第43「笑謔門」より

これには、たいてい、笑話を集めたコーナーがあります。

例えば『三台万用正宗』という日用類書を見てみましょう。その中の「笑謔類」と題された部分は、笑話を収めたところです。その一つを読んでみましょう。タイトルは「村人がラーメンを買う」(図8-2)。

ある村人が町に出てきたところ、ラーメン屋が目に入りました。店主が招き入れたので、村人は店に入って、つづけざまに三杯食べました。店主が支払いを求めましたが、彼にはお金がありません。怒った店主は、村人を天秤棒で九回なぐり、店から追い出しました。

村人は村に帰ってから、みんなに話しました。

「町には、うめえラーメン屋がある。天秤棒で三回殴られて一杯喰えるぞ」

その後、別の村人が町に行って、そのラーメン屋の前まで来ますと、店主は、中に呼び込みました。村の者がたずねました。

「おら、ラーメンの値段は知っとるだよ。だども、先になぐられてから喰うんだべか？　それとも喰ってから殴られるんだべか？」

このようなものが、文字の読める人々の間で楽しまれ、さらにこれを覚え、絶妙な語りで周囲の者たちの笑いを誘った人が、あるいはいたかもしれません。日用類書は、そのような、日常をより楽しくするための、お笑いネタの供給源でもありました。またそんな人が、調子に乗って町に出て、プロの芸人となるようなケースも、あったかもしれません。

五　落語と相声

さて、お笑いを旨とする演芸は、太古の昔からあったのでしょうが、現代の中国に限るとして、ここでは「相声《そうせい》」と呼ばれる漫才演芸を見てみましょう。

相声の起源をさかのぼるならば、唐代の「参軍戯《さんぐんぎ》」と呼ばれる二人組の演芸にいきつくのかもしれません。これは、それぞれ参軍・蒼鶻《そうこつ》と呼ばれる役割名を与えられた二人が行う掛け合い漫才で、官吏や田舎者を滑稽化した内容を話していたようです。

有名な詩人、李商隠《りしょういん》の「嬌児詩」は、かわいくてたまらない自分の子供のしぐさを謳《うた》ったものですが、そこで描写される子供の行為に、「忽《たちま》ち復《ま》た参軍を学び、声を按《あん》じて蒼鶻を喚《よ》ぶ」というのがあります。幼い子供が、参軍戯を見て、まねをして遊んでいる様子を描いたものです。

参軍と蒼鶻のうち、どちらがボケ役かという問題については、諸説ありますが、ボケ役のことは、特に「呆子《ダイツ》」すなわち「あほう」と呼ばれていました。ずっとあとになって完成する小説『西遊記』の、孫悟空と猪八戒の会話は、まるで漫才のようなリズム感に満ちたものですが、この小説の中で、猪八戒が、周囲の人間から、さらには地の文でも、「呆子」と呼ばれているのは、あるいは、この伝統を正しく継承しているのかもしれません。

明代には「像声《そうせい》」と呼ばれる演芸がありました。これは、声色《こわいろ》、ものまねのようなものでした。「像声」ということばが、のちの「相声」となります。

「相声」が隆盛するのは、清代のことで、一八世紀の半ば、特に北方中国の都市、北京や天津で確立し、これが全国に広まりました。

相声は、漫才といえば漫才なのですが、中国では「単口相声」、「対口相声」、「群口相声」、「相声小品」など、いくつかのジャンルに分けられています。「単口相声」は、ひとりで話すもので、日本の漫談や落語に近いでしょうか。「対口相声」はふたりでやる、いわゆる漫才。「群口相声」は、三人以上でやる漫才です。「小品」というのは、コント、寸劇のことですが、漫才風にコントを行うのが、「相声小品」です。

六　相声の構造

ただいまでは、相声も舞台でやるのがふつうですが、かつては道端で客を集めながら行われる、大道芸でした。そのとき、客寄せに用いられたという、数え歌があります。

往年の有名な相声芸人で、のち北京大学の教師も務めた、侯宝林《こうほうりん》が実演して見せたビデオが残っていますので、それをもとに、再現してみましょう(図8-3)。

まずかれは、玉石《ぎょくせき》を粉末にしたものを手に握り、これを地面に撒いて、十から始まり、九、八……と、歌をうたいながら、漢数字を書いていきます。次のように……

図8-3　伝統的な相声の風景。侯宝林(左)と郭啓儒

〈十〉の字に、筆を加えりゃ〈千〉の字だ。
　趙匡胤《ちょうきょういん》、千里を送るは京娘さ。
〈九〉の字に、筆を加えりゃ〈丸〉の字だ。

図8-4　地面に白砂を撒いて文字を書く，往年の相声芸人

丸薬は、薬王さまが嘗めました。
〈八〉の字に、筆を加えりゃ〈公〉の字だ。
姜太公、魚を釣って文王まもる。
……
〈一〉の字に、筆を加えりゃ〈丁〉の字だ。
丁郎は、父を尋ねて美名はあがる。

そうこうするうちに、いったいなにごとかと、好奇心いっぱいの、さらにまた御用とお急ぎでない面々が、調子のよろしい歌声に誘われて集まります。それがけっこうな数にもなりますと、アーティストは、さて本題に入りましょうか、と、商売を始める次第なのであります（図8‐4）。

このように、相声はもともと大道芸でしたが、やがて演芸館の高座で話すような形になると、――それは、一面では芸人たちの身分の向上でもあったのですが――このような客寄せの話芸は、しだいに廃れていったのでした。

現代の相声芸人によれば、相声は、ふつう「まくら」にあたる「墊話《てんわ》」もしくは「瓢把《ひょうは》」、本題にあたる「活《かつ》」、そしてオチにあたる「底《てい》」などで構成されていると言います。

例えば「三瘡婿《さんかせい》」という単口相声があります。この演目は、仲人婆さんの口利きによる結婚にまつわるドタバタがテーマなのですが、その塾話では、まず靴屋の話が語られます。


えー、噺家てえものは、おしゃべりが第一だと申します。でもね。あたくしどもの口が、そんなにおしゃべりだとお思いですか？　おしゃべりならば、いずれのご商売にも、それぞれありますもので。

昔の商売人では、靴屋というものが、よくしゃべります。なぜかというと、お客が靴を買いに店に入ります。合う靴がありゃ、買ってお金を払います。むこうはレシートを切ってくれる。これにはおしゃべりは、必要ございません。じゃあ、どこで必要かと申しますとね。この靴が合わない、あの靴も合わない。つづけて三度取り換えてみても、大きすぎたり小さすぎたりで、やっぱり合わない。柄も気に入らないんで、そっちのにしてみれば、こんどはサイズが合わない。サイズも柄もぴったりというのがない。そんなときに、靴屋がこう言ったとしましょう。

「あした来ておくんなさい。いまは、いいのがないのです」

「あいよ」と、このお客は、一旦店を出たら、あしたになって、二度と来るはずがございません。別の店に行って、一軒一軒、探し回れば、ぴったりなのが買えないわけがございません。だからね、靴屋はそんなことは申しませんで。どうしたって、買っていかせようとしますな。

モンクをつけるのは客の勝手ですが、このモンクというやつも、実は七通りしかございません。どんな七通りかてえと、「大きい」「小さい」「皮が厚い」「皮が薄い」「底が厚い」「底が薄い」それに「見た目が良くない」と、これだけ。客が何を言い出そうが、靴屋はちゃんと心得ています。

「とにかく持っていって履いてみろ、それで合わないようなら、あした取り換えに来い」と。翌日、取り換えに来た時分には、サイズの合った靴ができている。また気に入ったのがなければ、一か月だって待たせます。払っちまったお金は、金輪際返してくれやしませんで。

と、このように始まり、靴屋がいかに口がうまいかを説いてから、

……で、もうひとつ、よくしゃべる商売がございます。おしゃべりをさせたら、かれらの右に出るものはいない。もっとも昨今では、この商売はあまり流行らないようでして。なんの商売かてえと、ほかでもない、仲人口をきく、仲人婆さんなんであります。

こうしてやっと本題に入るのでした。ここまでが、「墊話」つまり、まくらです。噺家に始まり、靴屋に転じ、最後には、この噺の主人公である仲人婆さんにつなげていくわけです。

七　二人転の世界

近ごろ流行りのお笑い演芸に、「二人転」があります。これは、東北地方に伝わる、かなりお下品で危険な、まあ、夫婦《めおと》ドツキ漫才といったところでしょうか。

かつて二人転は、男性二人によって演じられていたのですが、役柄の上では「一男一女」となるため、一人は女装することになります。現在の二人転では、ふつう、男女ふたりで演じられます。相声のようにおしゃべりだけではなく、歌あり、楽器の演奏あり、漫談あり、雑技までありの、総合演芸です。

往々にして、女はかなり派手に着飾った美女で、男の方は、ピエロ風の滑稽なメイクと衣装で登場します。大女と小男というカップルもいます。しゃべくりの内容が下ネタに走ったり、また、なぐる蹴るの過激なパフォーマンスもあったりの、実にパワフルな演芸で、ぼくは大好きなのでありますが、一般に内容が猥雑で、通行しているものの多くは、下ネタのオンパレードなだけに、しばしば官憲からは、にらまれることになります。いくら昔から中国のものは何でもありがたがってきた日本でも、国立劇場などでの上演は、おそらく不可能でしょう。

そのようななか、芸能界では、趙本山《ちょうほんざん》という二人転出身の喜劇役者が活躍していることもあって、二人転自体も注目をあびているのでありますが、それゆえにかえって、内容的には「健康的」

なものに「改良」されている傾向もあるようです。

筆者の見聞によれば、天津には、趙本山の弟子たちが出演する「緑色」すなわち健康的内容の二人転劇場と、「黄色」すなわち猥褻な二人転劇場がありますが、どちらが面白いかといえば、やはり「緑色」かもしれません。「黄色」の方は、見ていて疲れるし、いささか食傷気味になります。一度、相当に大きな「黄色」の二人転劇場に、学生と入ってみたのですが、われわれの他には、客は十人ほど。それも、みんな芸人の友人筋のようでした。最後まで熱心に見ていて、気がつくと、だだっ広い劇場に、たったひとりでいる自分を発見したこともあります。ちなみに、趙本山の弟子、王永慧が演ずる「男扮女装」の芸は、なかなかすばらしいものです（図8-5）。

図8-5　二人転の風景。王小利とその妻李林

八　イッキ飲みで国難に

何年か前の夏休みのこと。ぼくは、中国のとある田舎町をうろついておりました。年画という、民間の版画を

刷る農民たちに取材するためでした。その頃、中国の遼寧省や湖北省などを、大洪水が襲っていました。洪水の被害と戦うことを「抗洪《カンホン》」と言います。日本軍に対抗して戦ったことを「抗日」といいますが、ことばのなりたちも、それと同じです。

そんなある日のこと、ぼくは宿でテレビを見ていたのですが、放映していたのは、洪水の被災地に送るための義援金を集めるべく行われた、バラエティ番組でした。

中国では、国家的な災害に襲われると、被災地で救援にあたる解放軍兵士や看護婦たちの活躍をテーマとした美談が、芝居や歌舞音曲に改編して演じられ、テレビなどで流されます。こんなことを日本でやったら、「不謹慎！」だの「イカガナモノカ？」だのと、怒る人がいるかもしれませんが、中国では好んで行われる、儀式のようなものです。

ぼくが見ていたテレビのバラエティでは、やがて舞台に、四人の男が上がってきました。どういうわけか、それぞれが、一・八リットル入りのペットボトルを手にしているのです。それには、水がいっぱいに詰められていました。見ていると、司会者の「スタート！」という掛け声とともに、その四人、なんとペットボトルの一気飲みを始めたではありませんか。

「イッキ！　イッキ！」と、観衆たちも、おお騒ぎ。

なにごとが始まったのかと、耳を澄まし、目を凝らしてみると、やがて、かれら全員、水を一気に飲み干したのを確認した司会者が、興奮した口調で、こう叫びました。

「やりました！　一気に飲み干しました！　やはり人間は水に打ち勝つことができるのです！」

場内から、ワアーッ！　と沸き起こる歓声……。

なるほど、これは、人類の叡知と努力が、洪水に打ち勝つという、ゲンかつぎのパフォーマンスであったというわけなのです。

ちょっとあきれながら、ぼくは苦笑しましたが、このような、なんとも馬鹿馬鹿しく見えるかもしれない中国人の「生き抜く智慧」のようなものを、ぼくは、面白いとも思いました。不謹慎なりと非難される以前に、どう見ても国難に相違ない眼前の現状を、笑って突破しようという、そうした智慧なのです。

九　人類みな笑ってる

大学で、以上のような、中国のお笑い演芸のあれやこれやを見せるという授業をしたあとで、ひとりの学生が、こんな内容の感想文を出してきました。

先生、ぼくは大事なことを忘れていました。

中国について知っていたことといえば、反日、チベット暴動、毒入りギョーザ、あるいは、歴史認識や政治、経済上の日本とのかかわりのこと。それも、新聞やテレビを見ていて、なんとなく、そんなものだと詰め込まれたものばかりで、自分の頭でちゃんと考えたものではありません。
中国人も娯楽を持っていて、毎日、笑って暮らしているという、あたりまえなことなど、考えたこともありませんでした。

この地球上には、「悪い国」と「良い国」があり、「敵対国」と「友好国」があるというような、マスコミやある種の人々がこしらえた、講談まがいのストーリーに乗せられて、アノ国にも、コノ国にも、「笑い」や「お笑い演芸」は必ずあって、人々は毎日それらを楽しんでゲラゲラ笑っているのだということを、われわれはときどき、忘れてはいませんか？

十　ちりとてちんは中国語？

忘れるといえば、もう少しで、ぼくも忘れるところでした。今回のお話のタイトルについてです。「ちりとてちん」は、テレビドラマで有名になってしまいましたが、ある落語のタイトルです。気取ったやつに、豆腐の腐ったものを食わせてしまえというので、その際に、その「珍なる食べ物」につけたデタラメな名前が「ちりとてちん」です。この名称の説明については、落語の中ではいくつかのバージョンがありますが、一つは「長崎名物ちりとてちん」とするもの。いま一つが「台湾渡来のちりとてちん」というもの。後者であれば、明らかに中国語であろうし、前者であれば、中国語やオランダ語を含む、外来語のイメージを含ませているのでしょう。また、三味線をつま弾く音が、音声的な起源でしょう。

つまり「ちりとてちん」は中国語？　という質問に対する答えは、「そんなわけない！」です。しかしながら、これまでのお話でお分かりのように、落語には多くの中国渡来の話柄があるわけですから、わが国のお笑い演芸の中には、「ちりとてちん」的な中国要素が、数多く浸透していることは、ぜひとも記憶しておかれたいものです。

【読書案内】

松枝茂夫等編訳『中国笑話選』（平凡社東洋文庫、一九六四年）
立間祥介編訳『中国講談選』（平凡社東洋文庫、一九六九年）
松枝茂夫訳『笑府——中国笑話集』（岩波文庫、一九八三年）
澤田瑞穂『笑林閑話』（東方書店、一九八五年）
武田雅哉「落語——中国からの視点」（『落語の愉しみ　落語の世界1』岩波書店、二〇〇三年）
酒井忠夫『江戸小咄類話事典』（東京堂出版、一九九六年）

あとがき

いかがでしたか。お笑いを楽しんでいただけましたか。笑いにはこれほどの種類があったのですね。どんなところにも笑いのタネは転がっているのでした。Homo risibile（笑うヒト）である私たち人間について、笑いを通じて何か新しいものが見えてきたということであれば、私たちの涙ぐましい努力も報われます。江戸時代の笑い、中国の笑いそして美術作品の中の笑いは現代日本の笑いとズレがありましたか。また、政治に従事するリーダーたちや、歌う子供たちの遊び心、そして人々やペットの最期が映し出す現代社会の世相、さらに家族という血縁内の呼び方はこれまで気づかなかった笑いを引き起こしましたか。笑いの本質の探究はどれだけ人間は笑いにおいてその本性が開示されてしまうかを示していました。時代や社会そして世相をこえて、その中に含まれている笑いのネタやタネが読者諸賢の好奇心を満たしえましたなら、幸いです。これらのネタが新たな笑いを読者諸賢の周囲に引き起こしえますなら、本望です。なによりも、本書を通じて人間であることの喜びを分かち合うことができましたなら、もう男子の本懐を遂げたようなものですから、報いや幸いや本望をこえてしまいます。そこで残されているのはおさらばしかありません。ではここでひとまず、「ハイ、オサラバ」です。

編　者

執筆者紹介

冨田康之（とみた やすゆき） 一九五八年生、名古屋大学大学院文学研究科博士課程単位取得退学。現在、北海道大学大学院文学研究科教授（日本文化論講座）。単著、『海音と近松――その表現と趣向』（北海道大学図書刊行会、二〇〇四年）。第一話担当。

千葉 惠（ちば けい） 一九五五年生、D. Phil.（オックスフォード大学、哲学）。現在、北海道大学大学院文学研究科教授（哲学講座）。単著、『アリストテレスと形而上学の可能性――弁証術と自然哲学の相補的展開』（勁草書房、二〇〇二年）、論文、Aristotle on Essence and Defining-phrase in his Dialectic, Definitions in Greek Philosophy, ed. D. Charles (O. U. P. 2010). 第二話担当。

川口暁弘（かわぐち あきひろ） 一九七二年生、学習院大学大学院人文科学研究科史学専攻博士課程中退。現在、北海道大学大学院文学研究科准教授（日本史学講座）。単著、『明治憲法欽定史』（北海道大学出版会、二〇〇七年）。第三話担当。

櫻井義秀（さくらい よしひで） 一九六一年生、北海道大学大学院文学研究科博士課程中退。現在、北海道大学大学院文学研究科教授（社会システム科学講座）。単著、『東北タイの開発僧――宗教と社会貢献』（梓出版社、二〇〇八年）、『霊と金――スピリチュアル・ビジネスの構造』（新潮社、二〇〇九年）、『統一教会――日本宣教の戦略

と韓日祝福』(中西尋子と共著)(北海道大学出版会、二〇一〇年)。第四話担当。

安達真由美(あだち まゆみ) 一九六一年生、Ph. D.(ワシントン大学大学院博士課程心理音楽学専攻)。現在、北海道大学大学院文学研究科准教授(心理システム科学講座)。論文、"Inspiring creativity through music." (*Creativity: When east meets west*, Singapore: World Scientific. 2004, pp. 305-340.), "Musically rich but creatively poor: The nature of music nurturing in Japanese preschools." (*The Oxford handbook of children's musical cultures*. New York: Oxford University Press. 近刊)、監訳、『演奏を支える心と科学』(誠信書房、近刊)。第五話担当。

鈴木幸人(すずき ゆきと) 一九六六年生、京都大学大学院修士課程修了。現在、北海道大学大学院文学研究科准教授(芸術学講座)。論文、「近世における北野天神縁起絵巻の制作」(竹居明男編『歴史と古典――北野天神縁起を読む』吉川弘文館、二〇〇八年)、「「道明寺鶏鳴説話」をめぐって――天神縁起絵変容の一側面」(『北海道大学文学研究科紀要』一二六号、二〇〇八年)。第六話担当。

高橋芳郎(たかはし よしろう)一九四九年生、東北大学大学院文学研究科博士課程中退。元、北海道大学大学院文学研究科教授。単著、『宋-清身分法の研究』(北海道大学図書刊行会、二〇〇一年)、『宋代中国の法制と社会』(汲古書院、二〇〇二年)、『訳注『名公書判清明集』戸婚門』(創文社、二〇〇六年)。二〇〇九年死去。第七話担当。

武田雅哉(たけだ まさや) 一九五八年生、現在、北海道大学大学院文学研究科教授(中国文化論講座)。単著、『中国乙類図像漫遊記』(大修館書店、二〇〇九年)、『楊貴妃になりたかった男たち――〈衣服の妖怪〉の文化誌』(講談社選書メチエ、二〇〇七年)、『よいこの文化大革命――紅小兵の世界』(廣済堂出版、二〇〇三年)。第八話担当。

〈北大文学研究科ライブラリ 5〉
笑い力──人文学でワッハッハ

2011 年 3 月 31 日　第 1 刷発行

編著者　千　葉　　　恵

発行者　吉　田　克　己

発行所　北海道大学出版会
札幌市北区北 9 条西 8 丁目　北海道大学構内（〒060-0809）
tel. 011(747)2308・fax. 011(736)8605　http://www.hup.gr.jp/

㈱アイワード

ISBN 978-4-8329-3377-4

JASRAC　出 1103007-101

「北大文学研究科ライブラリ」刊行にあたって

このたび本研究科は教員の研究成果を広く一般社会に還元すべく、「ライブラリ」を刊行いたします。これは「研究叢書」の姉妹編としての位置づけを持ちます。「研究叢書」が各学術分野において最先端の知見により学術世界に貢献をめざすのに比し、「ライブラリ」は文学研究科の多岐にわたる研究領域、学際性を生かし、十代からの広い読者層を想定しています。人間と人間を構成する諸相を分かりやすく描き、読者諸賢の教養に資することをめざします。多くの専門分野からの参画による広くかつ複眼的視野のもとに、言語と心魂と世界・社会の解明に取りくみます。時には人間そのものの探究へと誘う手引きとして、また時には社会の仕組みを鮮明に照らし出す灯りとして斬新な知見を提供いたします。本「ライブラリ」が読者諸賢におかれて「ひとり灯のもとに文をひろげて、見ぬ世の人を友」(『徒然草』一三段)とするその「友」となり、座右に侍するものとなりますなら幸甚です。

二〇一〇年二月

北海道大学文学研究科